TourenAtlas Wasserwandern Nr.6 Mecklenburg-Vorpommern

© 2002-2012: Jübermann-Verlag, D-29525 Uelzen, Krempelweg 2
Tel.: 05 81-7 82 32, Fax 05 81-7 75 16, E-Mail: info@juebermann.de
ISBN: 978-3-929540-57-4 Internet: www.juebermann.de
4. Auflage 2012 88 Seiten, 66 Karten im Maßstab 1: 75 000
Format: 20,3 x 29,3cm, Spiralbindung

Druck:	**Color-Offset-Wälter** GmbH Dortmund (www.color-offset-waelter.de)
Papier:	**Polypropylen „SuperYupo® FEB95“** (http://superyupo.com)
Digitalisierung:	Erhard Jübermann sowie Martin Ritz, Hamburg
Software für Karten:	**OCAD®**-11.0 für Windows (www.ocad.com)
Geländeerkundung:	Martin Ritz, Hamburg u. Erhard Jübermann, Uelzen
Titelfoto:	Dieter F. Harig, Hannover

Zur 4. Auflage: Zunächst geht ein großer Dank an alle diejenigen, die durch ihre Korrektur- und Ergänzungsmeldungen zur 3. Auflage und bei den Neukartierungen zum Gelingen dieses „TA6“ beigetragen haben. Allen Nutzern wünschen wir eine gute Fahrt, und mögen die unentdeckten Kartenfehler keinen Ärger bereiten.

Es hat sich einiges mit dieser Auflage verändert. Neben den ganz offensichtlichen Änderungen: Umschlag, Titelseite, wasserfestes Material, wurde jetzt die Anschriftentabelle komplett ans Ende gestellt. Damit ergibt sich eine vollständig neue Durchnummerierung der Kartenseiten.

Ortsnamen-Index und der Gewässer-Index sind ebenfalls auf die o.g. Internetseite verbannt worden.

Wir haben uns bemüht, neben der Gewässerdarstellung auch die Landinformationen zu überarbeiten (anhand neuer Kartengrundlagen und Luftbildauswertungen. Wer unsere Karten komfortabel elektronisch nutzen möchte, dem sei unser neues JONA empfohlen (Jübermann-Outdoor-Navigator), siehe Info am Ende.

Der **Jübermann-Verlag** hat sich auf die Herstellung von Gewässerkarten für Wassersportler spezialisiert. Unsere Produkte, die im Maßstab 1:100 000 und größer (hier 1:75 000 und 1: 25.000) hergestellt werden, sind in Bezug auf die Gewässer bzw. Wassersportinhalte im Gelände komplett überprüft. Jeder dargestellte Gewässer-km ist auch kontrolliert worden. Hier sind keine Schreibtischtäter am Werk, sondern passionierte Wassersportler mit vielen Tausend Kilometern bzw. Seemeilen unter dem Kiel, die ihre Erfahrungen an die Kartennutzer weitergeben. Aber: Die Situationen vor Ort ändern sich täglich. Es wird gebaut, Befahrbarkeiten ändern sich und laufend werden neue Befahrungsregelungen vorgenommen. Mit jedem neuen Produkt und jeder Neuauflage versuchen wir, die Realität so genau wie möglich zu erfassen und in unseren Karten wassersportspezifisch zu übernehmen. Um unsere Kunden bis zum Erscheinen einer Neuauflage nicht im Stich zu lassen, geben wir Aktualisierungsblätter heraus:

Inhaltliche Aktualisierungen: Alle dem Verlag bekannten Korrekturen und Ergänzungen werden umgehend allen Nutzern per Internet zur Verfügung gestellt: **www.juebermann.de/pdf/TA6.pdf** Dieses PDF-Dokument aktualisiert jeweils die aktuelle Auflage.

Da wir bei aller Liebe zum Wassersport nicht selbst zu jeder Zeit an jedem Gewässer sein können, sind wir darauf angewiesen, dass auch Kartenbenutzer uns Veränderungen und Korrekturen mitteilen. Bitte leiten Sie Ihre Beobachtungen möglichst umgehend **zum Nutzen Aller** an den Verlag weiter!

Die Befahrungsregelungen und alle weiteren Karteninhalte sind nach bestem Wissen eingebracht und ohne Gewähr. Absolute Fehlerfreiheit ist unmöglich. **Daher lehnt der Jübermann-Verlag jegliche Haftung bei Unfällen oder Gesetzesübertretungen ab, die durch fehlerhafte oder fehlende Karteninhalte entstanden sind.** So genau dieser Atlas auch erarbeitet wurde, er wird nicht fehlerfrei sein, und er entbindet Sie nicht von Ihrer Sorgfaltspflicht. So sind alle Angaben nur als Reisehilfe gedacht und nicht zur Erlangung genauer Richtungs-, Entfernungs-, Orts-, Tiefen- oder topographischer Messungen.

Bei den Befahrungsbeschränkungen sind in der Regel nur diejenigen berücksichtigt, die eine wesentliche Behinderung bedeuten. Privatgrundstücke, Uferstreifen, Schilfzonen und kleine Inseln sind nur in Ausnahmefällen aufgeführt. Sollte sich ein Widerspruch zu örtlichen Ausschilderungen oder Auskünften ergeben, sind grundsätzlich die vor Ort vorgefundenen Gegebenheiten zu beachten.

Unsere Gewässerkartierung ist immer eine Momentaufnahme zur betreffenden Jahreszeit / Wasserstand.

Die Angaben für **Motorbootfahrer und Segler** haben wir in der neuen Auflage ausgeweitet. Neben den Gewässertiefen haben wir nach Kräften auch die begrenzenden Brückenhöhen, Geschwindigkeitsbeschränkungen, etc. mit aufgenommen.

Für aktuelle Informationen heißt **das Zauberwort ELWIS**. Das **El**ektronische **W**asserstraßen **I**nformations **S**ystem der Wasser- und Schifffahrtsverwaltung des Bundes im Internet (http://www.elwis.de).
Hier gibt es bei den „Gewässerkundlichen Informationen" neben vielen anderen nützlichen Informationen (Sperrungen/ Schleusen-Tel.Nr./-Zeiten usw.) auch die Möglichkeit, tagesaktuelle Informationen über die Pegelstände an den schifffahrtsrelevanten deutschen Gewässern zu erfahren. Dort kann man außerdem auch an den aktuellen Trends absehen, ob sich der Wasserstand im Wochen- oder sogar im Tagesverlauf tendenziell eher verschlechtert oder verbessert.

„Schifffahrtsgewässer und Ausweichpflichten":

Die Aussage, Kanuten und Ruderer hätten allen anderen auszuweichen, ist zwar aus der Sicht des Schwächsten eine sinnvolle Überlebenstaktik, aber rechtlich nicht korrekt. Von den Spezialitäten (Rhein, Mosel, Donau, Bodensee, Privatgewässer) abgesehen gilt **binnen**:

1. Die BinSchStrO kennt grundsätzlich nur Kleinfahrzeuge (unter 15t) und keine Sportfahrzeuge.
2. Berufsschifffahrt hat grundsätzlich Vorrang vor Kleinfahrzeugen!
3. **Kleinfahrzeuge mit Maschinenantrieb** sind gegenüber ALLEN Fahrzeugen einschl. ALLER anderen Kleinfahrzeuge AUSWEICHPFLICHTIG! Also auch gegenüber Seglern, Ruderern und Kanuten.
4. Kleinfahrzeuge ohne Maschinen- oder Segelantrieb (Ruder- und Paddelboote): Selbstverständlich ausweichpflichtig gegenüber allen >15t! Sind aber auch gegenüber den "anderen Kleinfahrzeuge ohne Maschinenantrieb" sprich Seglern ausweichpflichtig!

Also klare Verhältnisse in der rechtlichen Reihenfolge des "Zufriedengelassenwerdens":

1. Berufsschifffahrt (brauchen keinem ausweichen)
2. Segler (sofern unter Segeln)
3. Ruderer und Kanuten
4. Freizeit-Motorboote (müssen allen ausweichen)

Anmerkung: Eine Kanu-/ Ruder-Gruppe muss Motorbooten natürlich eine Chance zum Ausweichen geben und nicht in breiter Front nebeneinander fahren. Wo Regatten laufen, hält man sich als „Handbetriebler" schon aus sportlichen Gründen fern.
Auf engen Gewässern und Kanälen gilt ein **Rechtsfahrgebot** für alle Kleinfahrzeuge!

Kennzeichnungspflicht für Kleinfahrzeuge:

Ohne amtliches Kennzeichen dürfen fahren: Nur mit Muskelkraft betriebene Boote/Beiboote (Ruderer, Kanuten), Segelboote ohne Motor bis 5,50m Länge, Motorboote mit nicht mehr als 2,21 kW Antriebsleistung.
Diese Boote müssen aber auf jeden Fall mit Bootsnamen und zusätzlich mit Name + Anschrift des Eigentümers (innen- oder außenbords) versehen sein.

Alle übrigen Sportboote mit weniger als 20m Länge müssen auf Binnenwasserstraßen ein amtliches Kennzeichen führen, welches vom zuständigen Wasser- u. Schifffahrtsamt oder den einschlägigen Fachverbänden (DSV, DMYV, ADAC...) ausgestellt wird. Vermietete Sportboote haben ein Vermietungskennzeichen zu führen.
Wichtige Informationen für die Sportschifffahrt auf Binnenwasserstraßen einschl. aktuellen Pegelständen/ Tauchtiefen/ Sperrungen/ Schleusen-Tel.Nr./ Kennzeichnungspflichten usw. finden Sie im Internet unter: **www.elwis.de** (s. oben).

Angaben zu den **Übernachtungsmöglichkeiten** bei den Vereinen sind **ohne Gewähr** und nur ein Anhaltspunkt für die Fahrtenplanung, ebenso die mit ∏ vermerkten Vereins-Zeltplätze und Zeltmöglichkeiten z.B. bei Gaststätten oder Biwakplätzen. ***Vereine sind auf Grund der Eintragung in diesem Atlas nicht verpflichtet, Gäste aufzunehmen***, eine vorherige Anmeldung ist ratsam, bei Gruppen unumgänglich.

KANU: -Allgemeine Hinweise-

- Sollten Sie bisher noch nicht Kanu gefahren und/oder auf einen Bootsvermieter angewiesen sein, achten Sie neben der zur Verfügung gestellten Boots- und Ausrüstungsqualität auch darauf, dass Sie in Paddeltechnik, Sicherheit und Verhalten in der Natur eingewiesen werden, ansonsten suchen Sie sich einen anderen Bootsvermieter (-gibt es inzwischen reichlich). Eine Liste empfehlenswerter Vermieter finden Sie auf www.juebermann.de/pdf/TA5.html
- Wer es einrichten kann, sollte im zentralen Seenbereich Mecklenburgs außerhalb der Hauptsaison fahren. Es ist auf dem Wasser und vor allem auf den Campingplätzen viel ruhiger. Unter den Wasserwanderern spürt man dann noch die Naturverbundenheit, Kameradschaft und den Sportsgeist sowie ein hohes Maß an eigenverantwortlichem Handeln, wie es ja eigentlich selbstverständlich ist.
- Die Planung einer Tour unter Berücksichtigung der vorherrschenden Windrichtung ist empfehlenswert, auf den großen Seen und der Ostsee kann dies evtl. unumgänglich sein.
- Bei Campingplätzen, Vereinen und Häfen sollten sich Gruppen immer vorher anmelden, ebenso alle, die einen mehr als 3-tägigen Urlaubsaufenthalt auf einem Campingplatz planen.
- Mit gelben oder weißen Tonnen abgegrenzte Bereiche, -auch Badestellen-, dürfen nicht befahren werden. Das Befahren von Schilfzonen ist ebenso verboten! Sie sind nicht nur bedeutende Nist-, Rast- und Versteckmöglichkeiten für Wasservögel, sondern haben auch eine wichtige Funktion bei der Gewässerreinigung.
- Schilfgürtel sind besonders anfällig für Wellenschlag! Durch umsichtiges Verhalten können Motorbootfahrer einen wichtigen Beitrag zum Erhalt dieses Lebensraumes leisten.

Kanuten und Ruderer sehen zwar nicht wie Schilf aus, sind aber ebenso für Rücksichtnahme dankbar.

- Das Zelten/Biwakieren außerhalb von Campingplätzen, Vereinen oder von ausgewiesenen Biwakplätzen ist innerhalb von Naturschutzgebieten verboten (hohe Strafen)! In Mecklenburg-Vorpommern ist es allgemein im Wald und am Waldrand verboten. Definitionsproblem: Was ist Wald ?(>2000m², Lichtungen zählen zum Wald!); Ist ein schmaler Gehölzstreifen am Ufer ein Wald? (>25m Tiefe ab Traufkante). Zusätzlich setzt ein Biwakieren das Einverständnis des Grundeigentümers voraus. Dieses ist jedoch in vielen Gebieten nicht (mehr) gegeben, -also nur im tatsächlichen Notfall und ohne Spuren zu hinterlassen!
- Der Müll ist nach einer Rast / Biwak absolut restlos wieder mitzunehmen und der nächsten geeigneten Mülltonne zuzuführen. Wenn jeder nur eine Getränkedose (auch eingegraben) hinterlässt, wäre dort am Jahresende eine Müllkippe und im nächsten Jahr ein Zaun mit Verbotsschild. Der "menschliche Abfall" lässt sich einschl. Klopapier eingraben (Spaten mitnehmen) - bitte kein anderes haltbares Papier verwenden!
- Ohne Lagerfeuerromantik kommen viele anscheinend auch im trockensten Sommer nicht aus. **Es ist oft verboten**, zum Kochen sowieso nicht nötig, zum Wärmen hat man besseres und zum Mückenvertreiben auch.
- Die Schleusen-Benutzung ist z.Zt. noch weitgehend gebührenfrei. Kanus fahren bei grünem Licht und **als letztes** hinter allen Motorbooten und Berufsschifffahrt ein (!-sonst evtl. Strafe-!). Ausnahmen bestimmt ggf. der Schleusenwärter.
- Die Angaben für Kanuten sind abgestimmt für Einzelwanderer bis zu kleinen Gruppen. Fahrtenleiter größerer Gruppen, insbesondere von gewerblichen Vermietern sollten sich auf jeden Fall vergewissern, dass die Objektnutzungen auch möglich und erlaubt sind. Viele hier eingetragene Rastmöglichkeiten, Umtragewege, Ein-/Ausstiegsstellen verkraften keinen Massenansturm.

Küstenfahrten: Das Befahren der mit Kajaks und Ruderbooten erfordert ein weitaus höheres Maß an Erfahrung, Bootsbeherrschung, Bootsmaterial und Ausrüstung (gilt auch für große Seen) als auf kleinen, geschützten Gewässern.
Wanderruderer planen ihre Fahrten sinnvollerweise unbedingt zusammen mit ortsansässigen Rudervereinen.
Das Bundesamt für Seeschifffahrt und Hydrographie (BSH) hat eine wichtige Broschüre herausgegeben: „Sicherheit im See- und Küstenbereich. Sorgfaltsregeln für Wassersportler“ (einschl. Notfallmaßnahmen für Kajakfahrer), Bestellung: BSH, Postf. 301 23 20, 20305 Hamburg, nfs@n2.hamburg.bsh.d400.de

Kleinflussfahrten: Kleine Fließgewässer sind in der Regel noch weitgehend intakte Naturräume, die schützenswert sind. Sofern nicht gesperrt, sollte man auf ihnen maximal in Kleingruppen fahren. Die Naturbeobachtung steht im Vordergrund, nicht der sportliche Aspekt.

Allerdings: Viele dieser Gewässer sind so kurvenreich, mit Büschen und (umgestürzten) Bäumen, auch Stromschnellen und kleinen Stufen versehen, dass Anfänger nur am Kämpfen wären und ein Naturgenuss nicht aufkommen kann.

Wir kommen!

Dieses Motto ist ein Synonym für die Flotte der Deutschen Gesellschaft zur Rettung Schiffbrüchiger (DGzRS) – im Küstenjargon „Die Retter“. Wir möchten allen Nutzern unserer Tourenatlanten wünschen, dass sie diese segensreiche mittlerweile legendär gewordene Institution nie in Anspruch nehmen müssen. Die DGzRS ist in den Seegebieten der Bundesrepublik Deutschland (Nord- und Ostsee) für den maritimen Such- und Rettungsdienst (SAR) zuständig. Aber diese Umschreibung ist eigentlich viel zu einfach für die vielfältigen Funktionen, welche die Besatzungen der Seenotrettungsboote und –kreuzer im Alltag an unseren Küsten wahrnehmen. Die alljährlich erscheinenden Jahrbücher der Gesellschaft mit ihren Tätigkeitsberichten sprechen Bände über das segensreiche Wirken dieser Institution.

Für den Fall der Fälle:
Einsatzleitung und Koordinationsstelle im Seenotfall ist die SEENOTLEITUNG BREMEN, das Maritime Rescue Coordination Centre (MRCC) der DGzRS. In dieser Zentrale laufen alle Notrufe und Notmeldungen zusammen. Sie steht auch in ständiger Verbindung mit dem SAR-Dienst der Bundeswehr. Selbstverständlich können aber auch die Seenotleitung und die Seenotkreuzer untereinander ständig über Funk und/oder Telefon in Verbindung treten.
Die Seenotleitung Bremen ist 24 Stunden am Tag und 7 Tage in der Woche erreichbar: Telefon: 04 21 – 5 36 87 – 0; Telefax: 04 21 – 5 36 87 –14.
Alarmierungen können aber auch über die an unseren Küsten verteilten Seenotwachen oder die Seenotkreuzer direkt vorgenommen werden. Auch über die Telefonnummern 110 und 112, die Wasserschutzpolizei oder die Küstenfunkstellen von DP07 Seefunk wird schneller Kontakt zur Seenotleitung in Bremen hergestellt. Das MRCC ist seit 1999 auch mit der kontinuierlichen Überwachung der UKW-Seefunk-Seenotkanäle 16 und 70 betraut. Wer die Seenotleitung unter BREMEN RESCUE RADIO ruft, bekommt schnell Kontakt!
Auch wenn es manchmal nicht klar ist, dass diese mehrere hundert Kilometer entfernte Zentrale schnell und effektiv Hilfe koordinieren kann, ist dieses doch so. Die moderne Kommunikationstechnik ermöglicht ständigen Kontakt aller Beteiligten, so dass sich viele Verantwortliche direkt kennen. Natürlich können manche Entscheidungen nur vor Ort schnell und flexibel getroffen werden. Dafür ist im konkreten Einsatz ein sogenannter OSC (On Scene Commander) zuständig. Meist ist dies der Vormann des örtlichen Rettungskreuzers, der z.B. auch bei einer Suchaktion nach einer vermissten Person alle anderen Suchfahrzeuge koordiniert. In manchen Fällen können auch Wassersportfahrzeuge suchen helfen.

DP07 Seefunk

Mehr als nur Seefunkgespräche.

Wer über ein UKW-Seefunkgerät verfügt, kann über die Küstenfunkstellen von DP07 umfangreiche Services rund um den Wassersport bekommen. In der Saison werden z.B. 5x am Tag Wetterberichte, -vorhersagen und Warnmeldungen verbreitet. Darüber hinaus kann man als DP07-Kunde aber auch dann die Wetterinformationen per SMS aufs Handy bekommen, wenn man die festen Sendezeiten verpasst hat.

Die „Große Konferenz –von Borkum bis Bornholm" nach den Wetterberichtszeiten hat unter Wassersportlern schon Kultstatus. Kapitän Dietzel und seine Operator-Kollegen sind passionierte Praktiker, die wissen, wovon sie reden!

Kontakt: DP07 Seefunk – Reiner Dietzel – Estedeich 84, 21129 Hamburg, Telefon: 040 – 23 85 57 82,
Telefax: 040 – 74 13 42 42, Internet: www.dp07.com
oder über die Küstenfunkstellen von DP07!

Wetterberichte

Die Wege zum aktuellen Wetter sind vielfältig. Wir möchten Ihnen hier eine Übersicht für die in diesem Atlas enthaltenen Reviere geben:

Informationsservice Wetterberichte

Ostsee	Frequenz
00:05 NDR Info	702, 972 kHz
01:05 Deutschlandfunk 01:05 Deutschlandradio	1269, 6190 kHz 177,
06:40 Deutschlandfunk 06:40 Deutschlandradio	1269, 6190 kHz 177,
07:45 KüFuSt. DP07	Rostock Kan. 60 Lübeck Kan. 24
08:30 NDR Info	702, 972 kHz
09:45 KüFuSt. DP07	s.o.
11:05 Deutschlandfunk 11:05 Deutschlandradio	1269, 6190 kHz 177, 6005 kHz
12:45 KüFuSt. DP07	Frequenzen s.o.
16:45 KüFuSt. DP07	Frequenzen s.o.
19:45 KüFuSt. DP07	Frequenzen s.o.
21:05 Deutschlandfunk 21:05 Deutschlandradio	1269, 6190 kHz 177,
22:05 NDR Info	702, 972 kHz

Erläuterungen zur Anschriften-Tabelle

Für die Richtigkeit der Angaben übernimmt der Jübermann-Verlag keine Haftung. Ein rechtlicher Anspruch auf Aufnahme in diese Liste besteht nicht.

Allgemein gilt: ●= trifft voll zu /-ist gut möglich, ◐= trifft eingeschränkt zu, ○= trifft nicht zu/wird nicht angeboten

Karten-Nr.: Alle Objekte der Karten, die <mit **TA6/Karten-Nr./fortlaufende Nr. je Karte**> bezeichnet sind, finden Sie hier wieder.

Die **3. Spalte „Typ"** gibt an: Kanu-=K, Ruder-=R, Yachtclub/Segelverein=Y, Campingplatz=⛺, Jugendherberge = ⛺
Zusätzlich: [A] „Gelbe-Welle-Anleger, [KSt] „DKV-Kanustation"

Spalte **„Zelte"**: Angegeben ist die Anzahl der Kleinzelte, die in Gewässernähe stehen können. Bei >50m ist die Entfernung unter „sonstiges" angegeben. Sind mehr als 50 Plätze vorhanden =●.

Luma.Lager= Luftmatratzenlager: Möglichkeit, in geschlossenen Räumen sein eigenes Nachtlager einzurichten: ggf. Personenzahl

Einsetzen: ● =gut möglich (Slip oder Ähnliches), ◐ = mit max. 50m Transport (mit eigenem Bootswagen), ○ = weiter entfernt

Yachtliegeplätze: Anzahl der durchschnittlich freien Gästeliegeplätze (nicht die Gesamtzahl aller Plätze)

Fäkalienentsorgung: ●= direkte Absaugung, bei ⛺ direkt am Stellplatz, ◐ = zentrale Entsorgung an einem Platz

Parken: ● = PKW-Abstellen (für mehrere Tage) auf geschlossenem Gelände , ◐ = auf öffentlich zugänglichem Platz in d. Nähe, ○ = nicht realistisch

Wohnwagen: Anzahl Stellplätze ohne Jahres- u. Dauerplätze, (bei ⛺ wird häufig nicht zwischen Stellplätzen für △ und 🚐 unterschieden)

Gruppen : ● = Der Platz ist für Gruppen mit mehr als 20 Personen geeignet, ◐ =evtl. nach Rücksprache oder bis max. 20 Pers.

Sanitär: Die Qualität der Sanitäranlage ist (nach unserer punktuellen Wahrnehmung) ● = sehr gut, ◐ =ist gut, ○ = ist einfach

Lebensmittel: ● = Vollwertiges Angebot, ◐ = Kiosk-Angebot, ○ = ansonsten Entfernung zum nächsten Geschäft (in Metern)

Gastronomie: ● = Restaurant o. Gasthof am Platz bzw. Bootshs. bewirtschaftet, ◐ = kleiner Imbiss, ○ = ansonsten Entfernung (in m)

Sonstiges: Ⓑ=Bäckerservice, ⌂=Bootshaus, △= Zeltmöglichkeit, ◘=Aussetzstelle, ▲= Hütten/Bungalows, 🚐= Mietwohnwagen, ⛵= Kanuvermietung, 🚲=Fahrradvermietung, WLAN= Drahtlose Internetanbindung (nicht immer kostenlos!)
www. Internetseite: *Der Verlag übernimmt keine Haftung für die Inhalte der Internetadressen!*

Bitte helfen Sie mit, leere Felder der Tabelle zu füllen, indem Sie Ergänzungen (und natürlich auch Korrekturen) notieren und dem Verlag melden. Bitte vergleichen Sie auch die Aktualisierungsseite im Internet : **www.juebermann.de** oder direkt zum Dokument: **www.juebermann.de/pdf/TA6.pdf**

07
08a
TA6-07-2 SV Kanu Rogätz
Friedrichshöhe
Rogätz
TA6-07-1 WSG Rogätz
0172-314 78 75
350
Weinberg
Loitsche
Ohre
ganzjährig gesperrt
Kleine Alte Elbe
Alte Elbe
Ohre-Befahrung hier beenden, unterh. NSG z.Zt. gesperrt
Heinrichsberg
Elbe
Sommerhafen WSF Burg
SG Blau-Weiß Niegripp
TA6-07-3
WSA
Niegripper Altkanal
345
Zufahrt bei NW trocken
Niegripp
Niegripper See
Kies
Schleuse Hohenwarthe KW 26
Tel.:03 92 22 / 9 51 72 00
Keine Aufwärts-Schleusung für muskelbetriebene Kleinfahrzeuge (wegen Turbulenzen in der Schl.-kammer)
HW=672
MW=411
NW=265
Schleuse Niegripp
039 222-26 63 UKW 22
Kanalsiedlung
326
Elbe-Havel-Kanal
324
Hohenwarthe
Griebener
Forst
Grieben
375
Fercher Kirche
Ferchland
Derbenscher Berg
Camp Kellerwiehl
Baggerelbe
Werft
2x möglich
Derben
Anglerverein
Bittkau
52,4
Pareyer Verbindungskanal
6
1,8
370
Hitzeberg
57
Schleuse Parey
03 93 49- 9 45 98 51 UKW 78
3,6
Neuderben
Liegestelle
Polte
flach!
Kühnsloch
WSV Parey Elbe
für Einzelne
Erlebnisdorf Parey
4,4
Ringfurth
195m
3-4 km/h
Parey
350
Kolonie
flach!
365
Liegestelle
Sportboot-Liegestelle Parey-West
Kies
Boots-Club Sandfurth
039 366-286
flach!
Kies
Sandfurth
Havelsche Mark
Zerben
4,7
Bhf. Zerben
Güsen
6,7
4,7
In Zufahrt Brückenreste zeitweise überspült !! bei NW trocken
Bertingen
Wehr, für K gut möglich
Schleuse Zerben
03 93 44- 9 66 99 21, UKW 20
345
Kiesabbau
Alte Elbe
Kehnert
360
Elbe-Havel-Kanal 9 2,0 4,3
0,6
Wehr, für K möglich, steiles Ufer
Bertinger See
Ihleburg
Bhf. Güsen
4,4
355
35m
70m
Elbe-Havel-Kanal
Blumenthal
Parchauer See
Parchau
Campingplatz Parchauer See
340
Nebenkarte
7,0
Ziegelei
Dampfziegelei
Kies
Ihle
335
Schartau
Sommerhafen WSF Burg
SBV Grün-Rot Magdeburg
TA6-07-5
Sommerhafen TuS Emp.Burg
TA6-07-4 WSpFr.Burg (R+K+Y)
5,7
Campingplatz Eschenhof
Sender Burg
Hafen Burg 03921-98 88 54
Reesen
Mittelgraben
5,1
verschlammt
Überfunder
Sportbootliegestelle Burg
Niegr. Altkanal
TuS EmporBurg
Niegripper See
Gütter
Obergütter
Ziegelsdorf
4,3
330
BURG
Rote Mühle
z.T. Untiefen um 1m !!
11°49'
11°55'
11°58'
52°26'
52 18
© 2012: Jübermann-Verlag, Uelzen

8a
8b
Wischer
12°
Billberge
Arnim
Hohen-
göhren
52° 37'
Schloss
Storkau
Storkau
Kies-
werk
Zufahrt bei
NW trocken
395
Staffelde
Bhf. Hämerten
6,6
Bhf. Schön-
hausen
Hämerten
Einfahrt verlandet
Steine !!
Langensalzwedel
Schön-
hausen
Elbe
188
10
Miltern
390
Werft
WSA
107
Tanger-
münde
Fischbeck
Tangermünder RC
TA6-08-2
TWV Tangerm.
TA6-08-1
Reisemobilstellplatz Tangerplatz
Ziegelei
Tanger
Große
Lank
Lopsche
Bölsdorfer Tanger
nur bei hohem
Elbe-Wst.
385
Elbe
31m
ü.NN
Alte Elbe
Jerichow
Bölsdorf
Bölsdorfer
Haken
Klosterkirche
mit Museum
Buch
Alte Elbe
380
Schelldorf
Schelldorfer
See
Klietznick
52° 28'
Jerchel
7
Ferchland
11°57'
12°01'

8b
Berge
9
420
Elbe
12°03'
Sandauer
Wald
52° 48'
Kannenberg
107
SANDAU
Gierseilfähre
Fährbetrieb (ganzj.)
5°°-20°° Uhr
Sandauerholz
52° 47'
Germerslage
Gutshaus Büttnershof
Büttnershof
415
Kirchenruine
Rosenhof
Wulka
Starbeck
Schwarzholz-
Kirche
Osterholz
Tannhäuser
Schwarz-
holz
Altenzaun
410
Schönfel
Weidengraben
Klein Ellingen
Dalchau
Heidbe
Groß
Ellingen
55,3
52
Elbe
405
ARNEBURG
Bürs
1.Arneburger SBV
TA6-08-3
Büts
Klie
Gierseilfähre
Fährzeit: Mitte April - Mitte Okt.
Mo.-Fr. 7-12°° , 13 - 19°°
Sa.+So. 10-12/13-19°° Uhr
Einfahrt bei NW
trocken
Kletz
Elbe
28m
ü.NN
Neuermark-
-Lübars
52° 39'
400
Wischer
52° 38'
Billberge
8a
11°58'
12°3

Anschluss: TourenAtlas Nr.5 Berlin-Brandenburg (Seite 17)
ISBN: 978-3-929540-E5-9
9
10
8 b
Havel-Wehrgruppe Quitzöbel
2
Kahnschleuse am mittl. Wehr
☎ 0393 87-728 82 34
für R mühsam
Elbe
250m
Die Kahnschleuse Quitzöbel ist bis Anfang 2015 außer Betrieb (Umbau), K möglich, R mühsam
3
Gnevsdorfer Wehr
Kahnschleuse
☎ 0393 87-728 82 34
25m
Ob die zwei Schleusen in Betrieb sind, wird an der Haveleinfahrt in Havelberg und in Gnevsdorf bekanntgegeben (Schild) -abhängig von den Wasserstandsforderungen des Naturschutzes.
Wehrgruppe Quitzöbel mit Kahnschleuse
max. Bootsgröße 22 x 5,20m
z.Zt. außer Betrieb (bis Anfang 2015)
Gnevsdorfer Wehr + Kahnschleuse
☎ 0171 - 3 79 66 19, max. Bootsgröße 22 x 5,30m
Wasserwanderrastplatz Dörpkrug am Diek
Karthane: ab Bad Wilsnack ausgebauter Wiesenfluss, bei gutem Wst. befahrbar ab Str.Br. B 107
Karthane
3x re./li.
Befahrung verboten vom 1.3. - 30. 6.
Schleuse Havelberg
☎ 0 33 85-53 98-71
UKW: 21
1.10.-30.4. Mo.-So. 7-17:00 Uhr
1.5.-30.09. Mo.-Sa. 6-21:00 Uhr
So.+ Feiertg. 6-20:00 Uhr
Havel
Mündungsstrecke
Schleusenkanal
Elbe
Gnevsdorfer Vorfluter
Elbe 24m ü.NN
flach
"Mauseloch"
"Havelort"
Nacht
Hafen Werben (keine Einricht.)
Campingpl. am Schwimmbad
Gierseilfähre Räbel
Yachthafen Havelberg
Campingplatz Havelberg
TA6-09-3
TA6-09-1 Havelberger WSV
TA6-09-2 RHV Havelberg
TA6-09-4 "ELCH" Havelberg
HAVEL-BERG
Nitzow
SBV Nitzow
Dahlen
Toppel
Werben
Quitzöbel
Lennewitz
Legde
Abbendorf
Gnevsdorf
Rühstädt
(Storchendorf)
Info-Zentrum
Bälow
Neukirchen
Lichterfelde
Wendemark
Wöllmers Stift
Paris-hof
Engels-hof
Neu Goldbeck
Elendhof
Roggehof
Behrendorf
Neu Berge
Berge
Neuwerben
Tauber Aland
Große Wässerung
Schönberg
Schönberg-Deich
Heidelelde
Klein Holz-hausen
Neuhof
Nienfelde
Esack
Ostorf
Oberkamps
Unterkamps
Scharpenlohe
Werder
Beuster
romanische Kirche
Anlandeverbot
Brandenburg
Sachsen-Anhalt
107
HAVEL-BERG
Havel
Schleusenkanal
Spül-insel
Winterhafen
Havelstraße
Bahnhofstr.
Steintor-brücke
Steinstr.
Lange Straße
Prälatenweg
Bischofsberg
Am Stadtgraben
Vor dem Steintor
Dom
Dom-brücke
Uferstraße
Elbstraße
Sandauer Brücke
Rathenower Str.
Werft
SV 90 Havelberg
Erlebnispäd. Centr. Havelberg (ELCH) TA6-09-4
Campingplatz Havelberg TA6-09-3
Havelberger WSV TA6-09-1
Ruderriege Havelberg TA6-09-2
250m
© 2012: Jübermann-Verlag, Uelzen

Perleberg
Stepenitz
✕, i. ⏏ (mühsam, hohes Ufer), selten offen
Schilde
32 kleine Sohl-schwellen, bei NW nur mit ro-bustem Boot ≈
Weisen
re.oder li. ⏏
Fischtreppe evtl. bei hohem Wst. mit robustem Boot ≈
Waldhaus
Gr. Breese
Breese
Wehr (neu gebaut, noch keine Infos)
Kuhblank
vor ⏏ beim Anlagenwart melden: Tel.: 03877-3323
Befahrung verboten vom 1.3. - 30. 6.
Karthane
Bauernhof Beckmann
!! Pfähle
Klein Lüben
Scharleuk
Anleger Hinzdorf
Hinzdorf
Schade-beuster
Zwischen-deich
Lütjen-heide
WSV Wittenberge
TA6-10-1
Garsedow
re. ⏏
Elbe 20m ü.NN
Alte Elbe
Anlandeverbot
Beuster
Werder
9
Steinfelde
Losenrade
Eickerhöfe
Geestgottberg
Seesport Wittenberge
Stadthafen
Nedwighafen
TA6-10-2 Marina Nedwighfn.
WITTENBERGE
Hermannshof
Lindenberg
Bentwisch
Wassersportverein Wittenberge e.V.
Motrich
Cumlosen
Bootsclub Cumlosen
TA6-10-3
Wentdorf
Müggendorf
Wahrenberg (Storchendorf)
Pollitz
Scharpenhufe
Aland
<1 km/h
Anlandeverbot
Wanzer
Klein Wanzer
Aulosen
Im Sommer stark verkrautet und ⏏-stellen an den Wehren total zugewildert
Deutsch
re./li. ⏏
Zehrengraben
Bömenzien
Drösede
Aland-Hochwasser-Schutzwehr meist offen u. ≈
20m
HW-Sperrtor (meist offen)
Stresow
Gummern
Kapern
Befahrungsverbot vom 1.3. - 30.6.
VSB Schnackenburg
TA6-10-4
Schnacken-burg
WC, Du.
"Böser Ort"
11
Lütkenwisch
Cafe
Fähre Schnackenburg: 15.9.-14.4. 6-19.30 Uhr Sa.+So.: 8-19.30 Uhr 15.4.-14.9. 5.45-21[00] Sa.+So.: 8-21[00] Uhr
Wustrow
Lanz
Löcknitz
10m
Bernheide
Babekühl
Schmaldiemen
Jagel
5m (im Sommer 0-3m/Schilf) 1-2km/h
Löcknitz 3
Wiesenwehr bei hohem Wst. im Frühjahr/Herbst ≈ Im Sommer geschlossen, ⏏
Löcknitz 2
Wiesenwehr bei hohem Wst. im Frühjahr/Herbst ≈ Im Sommer geschlossen, ⏏
Löcknitz 1
Strömungs-darstellung bei geöff-netem Mittel-schott (bei hohem Wst.) f.Geübte ≈ evtl. ??
Im Sommer geschlossen und ✕, ⏏
475
470
465
460
455
450
53° 04'
53° 03'
52° 59'
52° 57'

TA6-11
Biosphärenreservat Elbtalaue:
Die Elbe als Bundeswasserstraße ist frei befahrbar
Anlandeverbot auf gesamter Strecke von Schnackenburg bis Lauenburg . Ausgenommen sind siedlungsnahe Elbvorlandbereiche, die ensprechend beschildert werden sollen, außerdem Häfen und Rastplätze (Anlandeverbot ist in der Karte violett markiert). Biwakmöglichkeiten (ohne Einrichtungen) sind noch nicht endgültig und in der Karte mit einem schmalen versehen.
Schleuse Dömitz
03 87 58/ 2 27 25
Dömitzer KV TA6-11-3
Dömitz
Panorama-Café
TA6-11-5
Boots-u.Motoren-service Stockmann
MYC Dömitz
Groß Schmölen
Klein Schmölen
Binnendüne
ganzjährig gesperrt
Polz
Schöpfwerk re.100m
Rhinowkan.
ganzjährig gesperrt
<0,5 km/h
Breetz
Alt Eldenburg
Eldenburg
Moor
Görnitz
Seedorf
Baekern
Lenzen/Elbe
Rudower See
15,3 m ü.NN
Rudow
Lauen-garten
Naturcampingplatz am Rudower See
Segelverein Lenzen
Flut
Museum Festung Dömitz
ungefähr in diesem Bereich soll ein ganzjähriges Befahrungsverbot bestehen (keinerlei Ausschilderung)
Gandow
Löcknitz
TA6-11-1 Motor-u.YC Lenzen
Hafen Lenzen
Hafen Mödlich keinerlei Einrichtungen
Mödlich
Hütten-Hotel Elbhöhe
Höhbeck
Vietze
Brünkendorf
Pevestorf
"Böser Ort"
Nördlicher Schaugraben
Holtorfer See
Südlicher Schaugraben
Holtorf
Kapern
Quarnstedt
Gartower See
Segelclub Gartow
Bömenzien bis Gartow ganzjährig gesperrt
Restorf
Restorfer See
nur bei HW
Seege
Laascher See
Laasche
re./li. oder
Laascher See-Ostteil+ Seege ganzj. gesperrt
nur bei Elbe-HW, sonst
Gartow
Wohnmobilplatz Imbiss am See-Gartower Hof
Campingpark Gartow
Meetschow
TA6-11-2 Hafen Gorleben
WC/Du.
Gorleben
Atommüll-Lager
Salzbergwerk
Gedelitz
Dünsche
Wootz
Kl.Wootz
Kietz
Rosendorf
Elbe
Laase
Pretzetze
Grippel
Unbesandten
(kein)
Besandten
Baarz
Gaarz
Langendorf
Brandleben
Cacherien
Floßgraben
Müritz-Elde-Wasserstraße
Alte Elde 8
Alte Elde 7
Alte Elde 6
Teich
Löcknitz, Breetz 5
Wiesenwehr bei HW evtl. offen und sonst unbedingt (starker Rücklauf)
Löcknitz, Gandow 4
Wiesenwehr bei HW evtl. offen und sonst unbedingt (starker Rücklauf)
Löcknitz
1 Schleuse DÖMITZ
TA6-11-5 Wasserwanderzentrum D.
Kanuverein über den parallelen See erreichbar
zuletzt enge Schilfpassage
Dömitzer KV TA6-11-3
Eldekanal
TA6-11-4 MYC Dömitz
Hfn.
Panorama-Café
Eiscafé

Biosphärenreservat Elbtalaue:
Die Elbe als Bundeswasserstraße ist frei befahrbar. Anlandeverbot auf gesamter Strecke von Schnackenburg bis Lauenburg . Ausgenommen sind siedlungsnahe Elbvorlandbereiche, die ensprechend beschildert werden sollen, außerdem Häfen und Rastplätze (Anlandeverbot ist in der Karte violett markiert). Biwakmöglichkeiten (ohne Einrichtungen) sind noch nicht endgültig und in der Karte mit einem schmalen versehen.
Löcknitzmündung
15m
Hochwasserschutzwehr, meist offen
MBC Damnatz
Hafen-meister
Slip
Elbe
HITZACKER
Sportboothafen
Personen-fähre (nur im Sommer)
HW-Sperrtor
Gäste-Information Weinbergsweg 2 29456 Hitzacker 05862-96970 www.hitzacker.de
MYC Hitzacker
TA6-12-2
Steg
Am Weinberg
Am Langen Berg
Drawehnertor
Marsch
Torstr.
Wohnmobil-parkplatz
Wehr, bei Elbe-HW sonst
Elbuferstraße
Jeetze
Archäologisches Zentrum/Museum
Zeetze
Vockfey
Pommau
Glienitz
Drethem
530
Priveläck
Tiesmesland
Schutzhafen Tießau (keine Einrichtungen)
Bahrendorf
Tießau
Wietzetze
Banke
Rassau
Prilipp
Stixe
Stixer Hof
Stixer Wanderdünen
20
25
Kaarßen
gesperrt vom 1.3.-30.6.
re.
6m
1 km/h
Krainke
4m
li.
30
Pinnau
Tripkau
Laave
Furt
15
Mecklenburg-Vorpommern
Niedersachsen
Rögnitz
Woosmer
Woosmer-Mühle
Woosmerhof
Hohen Woos
Neu Jabel
Schlesin
Schlonsberge
9m
Heidhof
Wehningen
Löcknitz
20m
57
Rüterberg
MBC 511
Wohnmobilpark 'Dorfrepublik Rüterberg'
Dove-Elbe oder Elde-Kanal
(bei Elbe-HW)
Broda
Dömitz
505
6,5
Kaltenhof
Brandleben
Kamerun
flach
510
TA6-12-1
MBC Damnatz
Damnatz
Barnitz
Landsatz
Jasebeck
515
Bohnenburg
Wilkenstorf
Raffatz
Brandstade
Laake
Gosewerder
Strachau
Strachauer Rad
Penkefitz
Penkefitzer See
250m
520
Anleger Wussegel
Nien-wedel
Wohnmobilstellplatz Bleichwiese
Taube Elbe
Grabau
Dambeck
Predöhlsau
Breese in der Marsch
Sipnitz
Quickborn
Cacherien
Langen-dorf
11
DANNENBERG
vom 1.3. bis 30.6. gesperrt
17-20m
Skizze siehe Karte 72
72
Streetz
Riskau
Kähmen
Pisselberg
Seerau
Sarenseck
Jeetzel
Hitzacker-See
Hitzacker
Wehr re. (bei Elbe-HW)
Sarchem
Gövelin
Meudelfitz
JGH Hitzacker
Klötzie
Herren-hof
Bitter
525
Elbe
13

ISBN: 978-3-929540-61-1
Anschluss: TourenAtlas Nr 1 Schlesw.H-Unterelbe (Seite 63)

ISBN: 978-3-929540-61-1

TA6-15
Schleusenbetriebszeiten:
1.Apr.-31.Okt. Mo-Sa. 6-21 Uhr, So. 8-18 Uhr
1.Nov-31.März Mo-Sa. 6-20 Uhr, So. 8-15 Uhr
(Einfahrt spätestens 15 Min. vor Ende der Betriebszeit)
Elbe-Lübeck-Kanal: 10 2,0 4,4
Donnerschleuse
☎ 0 45 43/ 14 31
Donner-schleuse
100m
Ratzeburger KC
TA6-16-2
Ratzeburger RC
TA6-16-1
St.Georgsberg
Küchen-see
RATZEBURG
Spucknapf
Stauklappe, danach gesperrt
(1300m)
Bootswagen an der Mühle
30m Höhendifferenz
Schaalseekanal
Farchauer Mühle
Schmilau
Salem
TA6-15-5
Jugendheim Salem
Salemer See
Neben-karte
Sterley
Brunsmark
MÖLLN
Ziegel-see
Stadt-see
Schul-see
Hegesee
Schmal-see
Lütauer See
Drüsensee
Privatsee
Campingplatz am Lütauer See
TA6-15-8
TA6-15-4
Möllner MC
JGH Mölln
VSVM
TA6-15-2
Möllner RC
TA6-15-3
hier (250m)
Wehr, li.
Wohnmobilplatz am Ziegelsee
Kanal= 12m ü.NN
Steinau-Nusse: bei gutem Wst.f. K1 ab Nusse
Baumhindernisse
Breiten-felde
Steinfeld
Grambek
Elbe-Lübeck-Kanal
Güster
TA6-15-1
Freizeitwelt Güster
Prüß-see
Befahrung des Prüßsees gebührenpflichtig (direkte Zufahrt zum frei)
Einfahrt
Campingpl. Zur Fähre TA6-14-10
Campingplatz Kiefernhütte
Wohnmobil u. Caravan-Park
Elbe-Lübeck-Kanal: 10 2,0 4,4
© 2012: Jübermann-Verlag, Uelzen
Schaalseekanal, Salemer- u. Piepersee für K + R uneingeschränkt, meist strömungslos, durch Waldlage sehr geschützt, auch für Ungeübte geeignet, gute Rast- und Übernachtungsmöglichkeiten am Wall
Schaalsee: Teilbereich Schleswig-Holstein nur mit zwei Genehmigungen befahrbar:
1.) Untere Naturschutzbehörde Kreisverwaltung Ratzeburg
2.) Genehmigung der Privatbesitzer: entweder Seeverwalter von Dr. Cadmus: Stadthausbrücke 12, 20355 Hamburg, ☎ 0 40- 3 28 07 80 oder 01 72- 4 54 22 50
Genehmigung 1 ersetzt nicht Genehmigung 2 – u. umgekehrt.
Der Mecklenburgische Seeteil ist unter Beachtung einiger gänzlich gesperrter Bereiche mit diesen Genehmigungen passierbar.
Befahrung auch möglich mit zugelassenen Mietbooten z.B der Fa. Krebs-Kanucenter in Siebenbäumen und Fa. Morgenroth in Ratzeburg (siehe Seite 86)
Jugendherberge Ratzeburg
Reisemobilplatz Aqua Siwa
Jugendheim Salem TA6-15-5
Campingpl. Salemer See TA6-15-6
km 8,6
Pipersee
Schaalseecamp
TA6-15-7

TA6-16
17
LÜBECK
Lübeck: Niedrigste Brücken im Stadtgraben 4,1m auf Stadttrave 2,8m (2,5m) auf Kanaltrave 5,4m (1,5m) Solltiefen: 2,0 m
Drehbrücke 2,5
Hansa-Marina
JGH Lübeck Altstadt
VKL Lübeck
TA6-17-1
Lübecker YC
L.MYC
L.Segler-V.v.1885
Segler-C.Hansa v.1898
Kanu-u.Segel-SV TA6-16-9
TA6-16-10 Lachswehr W.Lübeck
L.R.Ges.
TA6-16-12
L.R.Klub
TA6-16-11
HL.MBC
WSV Wakenitz
Seglerverein Wakenitz
Eichholzer WSV
Kanaltrave
Wakenitz
Trave
Kanal-km 0,0
Grinau: bei sehr gutem Wst. f. K1 ab Str. Schenkenberg-Grinau
vor der Brücke li.; hinter der M. ca. 100m re.
Schleuse Büssau ☎ 04 51/ 5 12 53
Huxterdamm
Rehder Brücke
Düker
Moltkestr.
50m
Lübecker Ruder-Ges. +Frauen-RG
2 Transportachsen für's vorrätig
TA6-16-12
Flughafen Lübeck-Blankensee
20m
0,5km/h
Anlandeverbot(außer bei Gasthäusern)
Elbe-Lübeck-Kanal: 10 2,0 4,4
38m
Schleuse Krummesse
100m
Schleuse Krummesse ☎ 0 45 08/ 18 86
TA6-16-8 Jugendheim Rothenhusen
km 0,0/ 0,0
Elbe-Lübeck-Kanal
Schleuse Berkenthin
Schleusenbetriebszeiten:
1.Apr.-31.Okt. Mo-Sa. 6-21 Uhr, So. 8-18 Uhr
1.Nov-31.März Mo-Sa. 6-20 Uhr, So. 8-15 Uhr
(Einfahrt spätestens 15 Min. vor Ende der Betriebszeit)
Die Seen um Ratzeburg sind für Motorboote gesperrt, Segeln und Surfen nur mit Genehmigung der Kreisverwaltung Ratzeburg, Barlachstr. 2 Tel.: 04541-122258 (Gebühr) Im Bereich der NSGé >50m Abstand vom Röhricht halten, nur an Anlegestellen anlegen !
Schleuse Berkenthin ☎ 0 45 44/ 18 36
Campingplatz Buchholz
TA6-16-7
Steg im Schilf
Campingpl. Forsthaus Kalkhütte TA6-16-6
Camp. Zur Schönen Aussic
TA6-16-5
Camp. Schwalkenb
TA6-16-4
Ratzeburger See
Schleuse Behlendorf
Behlendorfer Schleuse ☎ 0 45 44/ 18 04
Freizeit-u.Segelzentr.d.CVJM +Ruderakademie
Parkplatz Reeperbahn
Ratzeburger KC
TA6-16-2
Ratzeburger RC
TA6-16-1
Küchensee
RATZEBURG
Jugendherberge Ratzeburg
15
(1300m) Bootswagen an der Mühle 30m Höhendifferenz
© 2012: Jübermann-Verlag, Uelzen

TRAVEMÜNDE
LÜBECK
DASSOW
SCHÖNBERG
Bad Schwartau
Dassower See
Hemmelsdorfer See
Landesgewässer
Pötenitzer Wiek
Schlutuper Wiek
Breitling
TA6-17-11 Lübecker Yacht-Club
TA6-17-10 Passathafen
TA6-17-8 Fischereihafen
TA6-17-7 Böbs-Werft
TA6-17-6 Marina-Baltica
Marina Rosenhof ☎045 02-7 71 45
VKL Lübeck TA6-17-9
TA6-17-4 Trave-Marina
Marina Schlutup Sea-Site TA6-17-5
TA6-17-3 Stettiner YC-Lübeck
TA6-17-2 Hansa-Marina
TA6-17-1 VKL Lübeck
Kanu-u.Segel-SV TA6-16-9
Lübecker YC
L.MYC
L.Segler-V.v.1005
Segler-C.Hansa v.1898
Strandcamping Priwall
JGH Travemünde Jugend-Freizeitstätte Priwall
Campingplatz Ivendorf
Fa. Nanuk Nicolai siehe Seite 86
Park-Service Ostseestrand
ganzj. gesperrt
ganzjährig gesperrt
ganzjährig gesperrt (nur Anlieger erlaubt)
gesperrt: 15.2.-15.6. (außer Sa. 11⁰⁰-Mo. 9⁰⁰Uhr)
Im Bereich des Hochspannungskabels starke Magnetkompassabweichung
Anlegeverbot
Anlegeverbot für Y
für Y ganzjährig, für K+R 15.3.-15.7
frei für R+K
einige Baum-u. Buschhindernisse (nur für Geübte ratsam)
kl.Wehrstufe
unter Mini-Stufe
Mini-Stufe
im Sommer verkrautet
keine Durchfahrt, unmöglich
Eric Warburg Brücke, Öffnung wie
Hubbrücke: 1,5 UKW-Kan.18 Mo.-Sa. 6-20:30Uhr, So. 7-9 Uhr Öffnung nur für >3 Boote oder >1 Std. Wartezeit (Yachten besser über Stadttrave fahren)
Dassower See: Anträge für Ausnahmegenehmigungen für Befahrung der betonnten Fahrrinne schriftlich an: Wasser- u. Schifffahrtsdirektion Nord, Hindenburgufer 247, 24106 Kiel (ca. 30-50.-EUR je Vorgang)
echauer Mühle
50m
Schwartau
Stepenitz
Maurine
Trave
Wakenitz
Pötenitz
Priwall
Travemünde
Teutendorf
Warnstorf
Wilmsdorf
Grammersdorf
Ovendorf
Ivendorf
Rönnau
Pöppendorf
Kreuzkamp
Kleinensee
Ratekau
Offendorf
Techau
Pansdorf
Gr.Parin
Klein Parin
Horsdorf
Hobbersdorf
Rohlsdorf
Lutterberg
Malkendorf
Schönkamp
Horsdorfer-felde
Seeretz
Dänischburg
Tiefende
Dummersdorf
Herrenwyk
Siems
Israelsdorf
Gothmund
Fischereihfn.
Teerhof-insel
Kufra-Werft
Karlshof
Vorwerk
Schlutup
Selmsdorf
Lauen
Sülsdorf
Zarnewenz
Teschow
Volkstorf
Johannestorf
Wieschendorf
Benckendorf
Rosenhagen
Harkensee
Barendorf
Feldhusen
Schwanbeck
Malzow
Kleinfeld
Sondermülldeponie
Hemmelsdorf
Hainholz
Strand
Brodten
Häven
Sportpark Hülshorst
Moorsee
Wesloe
Drehbrücke
km1
NFH Priwall
Vogelpark
Parkplatz P4 am Vogelpark (1 Nacht)
Parkplatz am Kowitzberg
Parkplatz am Riesebusch
Golfplatz
© 2012: Jübermann-Verlag, Uelzen

18
16

zahlreiche große und kleine Steine
zahlreiche große Steine
Hochspannungs-Gleichstromkabel, Magnetkompass-Ablenkung !!
Kabel
Kleinklützhöved
Großklützhöved
Lieps
Tarnewitzer Huk
Seebrücke Boltenhagen
Marina Boltenhagen
Wohlen-
berger
Wiek
Boltenhagen
TA6-18-1 Regenbogen-Resort Boltenhagen
Krämer's Wohnmobilhafen
Wohnmobilpark Boltenhagen
TA6-19-1 Camping in Niendorf
Feriendorf an der Ostsee
Fa. Nanuk Nicolai
siehe Seite 86
ganzj. gesperrt
Brook
Warnkenhagen
Steinbeck
Redewisch
Elmenhorst
Groß Schwansee
Klein Schwansee
Hohen Schönberg
Klein Pravtshagen
Grundshagen
Wichmannsdf.
Niederklütz
KLÜTZ
Arpshagen
Christinenfeld
Tarnewitz
Tarnewitzer Camp
Eulenkrug
Kalkhorst
Barendorf
Harkenbäk
Katzbach
Dorf Neuenhagen
Neuenhagen
Harkensee
Deipsee
Dönkendorf
Goldbeck
Hofzumfelde
Kühlenstein
Stellshagen
Dorf Reppenhagen
Hof Reppenhagen
Rankendorf
Tarnewitzer-hagen
Tarnewitzer Bach
Oberhof
Wohlenberg
Wohlenhagen
Damshagen
Gantenbeck
Großenhof
Westhof
Niendorf
Grevenstein
Welzin
Tanken-hagen
Klein Voigtshagen
Wilmstorf
Wieschendorf
Rosen-hagen
Feld-husen
Vorwerk
DASSOW
Groß
Hof
17
19

zahlreiche große Steine
Lieps
LIEPS
Regenbogen-Resort Boltenhagen
TA6-18-1
Tarnewitzer Huk
Boltenhagen
Marina Boltenhagen
Tarnewitz
Wohnmobilpark Boltenhagen
Krämer's Wohnmobilhafen
Wohlenberger Wiek
Tarnewitzer Camp
Tarnewitzer Bach
Oberhof
Feriendorf an der Ostsee
Wohlenberg
Wohlenhagen
Westhof
Thorstorf
Yachthafen Wismar
Mecklenb. Segel-verein
YC Wismar
TSG Wismar (Kanu)
150m
Goldberg
Blocksberg
Wahrstorf
Hohenkirchen
Camping in Niendorf
TA6-19-1
Camp. "Liebeslaube" Gramkow
TA6-19-2
Gramkow
Jugendherberge Beckerwitz
Campingpl. Beckerwitz
TA6-19-3
Beckerwitz Ausbau
Beckerwitz
Hohen Wieschendorf
Hohen Wieschendorfer Huk
Marina geplant
Eggers Wiek
Eggerstorf
Landstorf
Ostsee-Camping Zierow
TA6-19-4
Fliemsdorf
Zierow
Fliemsdorfer Huk
Manderow
Neu Weitendorf
Neu Jassewitz
Proseken
Gägelow
Weitendorf
Hoben
Hinter Wendorf
Wendorf
km54/=km0
TA6-19-6 Yachtclub Wismar
TA6-19-5 TSG Wismar
TA6-19-7 Wismarer Seglerverein
TA6-19-8 Wismar Westhafen
WISMAR
Lübsche Burg
Wohnmobilpark
Tonnenhof
Kalihafen
Wasserwanderrastplatz (für K + R ungeeignet)
Überseehafen
Alter Hafen
West-hafen
Mühlen
Kritzow-burg
Hornstorf
Schwarzenbusch
Flugplatz Wismar-Müggenburg
Eiserne Hand
Haffeld Nord
Rohlstorf
Sperrgebiet (Munition)
Betonschiff
Redentin
Fischkaten
Gagzow
Walfisch
POEL
Hof Redentin
Krusenhagen
Groß Strömkendorf
Alt Farpen
Baumwerder
Ahrendsberg
Fährdorf
Breitling
Hengsten-ort
Weidenschwanz
Pierwarder
Grot Deil
Zaufe
Blowatz
Wodorf
Heide-kate
Neu Wodorf
Dreveskirchen
Damekow
Stove
Vorwerk
Inselhotel Poel
Malchow
Poeler Forellenhof
Niendorf
Kirchdorf
Hafen Kirchdorf
Kirchsee
Solltiefe 3,0m
Seedorf
Vorwangern
Poel
Timmendorf
Wangern
Weitendorf
Weitendorf Hof
Hinter-wangern
Brandenhusen
Fauler See
Rustwerder
Kaltenhof
Am Schwarzen Busch
Oetzenhof
Neuhof
Campingpl. TA6-19-9
Leuchtturm
Wohnmobil-Parkplatz Timmendorf
Timmendorf Strand
TA6-19-10 Hafen Timmendorf
Tonnenhaken
Platte
Platte O
FT4
FT6
Mittelgrund S
km27/0
Umfahrung Insel Poel =ca. 27 km (nur bei ruhigem Wetter)
20/Flaggtief 8
24/Kirchd.2
Kirchd.1
10/Flaggtief 2
13/Offentief 3
Solltiefe 9,5 m
159,5° / 339,5°

TA6-20
Rerik
SV Alt Gaarz / Wasserwanderrastplatz
TA6-20-3
keine Δ-möglichkeit
Seeblick TA6-21-1
Campingpark Rerik
km33 =Rerik
Seebrücke Rerik
Salzhaff / Ostsee für K möglich (300m)
Rerik West
Wustrow
Salzhaff
Betonnung des Salzhaffs liegt vom 15.5.-31.10.
LSG, Übernachten hier verboten!
Kap Kirchmesse
Werder-Nord
Kieler Ort
Kroy
Sperrgebiet (Munition)
Befahrung der Seeseite der Halbinsel Wustrow für Kajaks nur bei ruhiger Wetterlage (Salzhaff ist interessanter)
Rerik-Riff
Boiensdorfer Werder
Campingplatz Möwe TA6-20-1
Wohnmobilhafen Am Salzhaff
Ostseecamping "Am Salzhaff" TA6-20-2
Großewiek
Kühlenloch
Langenwerder
Gollwitz
Inselhotel Poel
Jäckelberg
Hannibal
zahlreiche Steine
Außenreede
Wismar
Wendelstorf
Garvsmühlen
Neu Gaarz
Gaarzer Hof
Blengow
Zweedorf
Roggow
Russow
Steinbrink
Spriehusen
Hellbach
Neubukow
Buschmühlen
Teßmannsdorf
Rakow
Pepelow
Klein Strömkendorf
Questin
Bantow
Boiensdorf
Stove
Gustrow
Werder
Panzlow
Vorwerk
Kirchdorf
Kaltenhof
Am Schwarzen Busch
Oetzenhof
Tonnenhaken
Rerik
100m
SV Alt-Gaarz
Hafenmeister
Kran
Sani
Strand
Seebrücke
Tel. Hafenmeister: 03 82 96-7 84 17

Im gesamten Küstengebiet liegen zahlreiche große und kleine Steine.
Im gesamten Küstengebiet liegen zahlreiche große Steine.
Bukspitze
Campingpark Kühlungsborn
TA6-21 -2
-West
-Ost
Kühlungsborn
Seebrücke Kühlungsborn
Yachthafen Kühlungsborn
für K an Westseite bei den Fischern (kein Δ, FeWos in der Nähe)
Parkplatz Steilküste
Jugendgästehaus Kühlungsborn Tel.: 038293/17270
Klein Bollhagen
Hinter Bollhagen
Heiligen-damm
Seebrücke Heiligendamm
Feriencamp Börgerende
TA6-21-3
Conventer See
Börgerende-
gesperrt
Mühlenfließ
Kägsdorf
Meschendorf
Bastorfer Signalberg
79,0
markanter Leuchtturm
Ostseecamp Seeblick
TA6-21-1
Bastorf
Wittenbeck
Golfplatz
109,5
Vorder Bollhagen
Nieder Steffenshagen
BAD DOBERAN
Steffenshagen
Brodhagen
Dorf Brodhagen
Ober Steffenshagen
Mechelsdorf
Neu Gaarz
Wendelstorf
Campingpark Rerik
Garvs-mühlen
Hohen Niendorf
Wichmannsdorf
129,7
Diedrichshagen
Jennewitz
Redderich
Salzhaff / Ostsee für K möglich (300m)
ODAS
Seebrücke Rerik
Skizze siehe Karte 20
RERIK
SV Alt Gaarz / Wasserwanderrastplatz
TA6-20-3
keine Δ-möglichkeit
Gaarzer Hof
km33 =Rerik
Salzhaff
Blengow
Wischuer
Gersdorf
Boldenshagen
Hundehagen
Kröpelin
Ctülow
Hohenfelde
Glashagen
Zweedorf
Roggow
Biendorf
Körchow
Hanshagen
Brusow
Brusow Ausbau
Sandhagen
Russow
Detershagen
LSG, Übernachten hier verboten!
??
Trollegrund
105
20
22
35
40
45
50
55
30
54° 10´
54° 05´

Reede 2
Reede 1
Reede1
Reede2
km 69 (ab Travemünde) = km 0 (neue Zählung ab Warnemünde)
Yachthafen Hohe Düne
TA6-22-4
Camping-u.Ferienpark Markgrafenheide
TA6-22-5
Markgrafenheide
NFH Heidehof
Hinrichshagen
Radelsee
Moorgraben
Radelbach
Niederhagen
Anlandeverbot
Radelgraben
Hafen Schnatermann
Jürgeshof
Stuthof
Gasthof & Pension Waldblick
Marine
Pagenwerder
Breitling
Stiller Frieden
Chemiehafen
Ölhafen
Peezer Bach
Peez
Überseehäfen
Kühlturm
Nienhagen
K+R.-sport: Hafenbereich gesperrt !
Hinrichsdorf
Krummendorf
Oldendorf
Warnowrade
Goorstorf
AS 5 Rostock-Nord
Bentwisch
Neu Bartelsdorf
AS 6 Rostock-Ost
Dierkow
Baltic-Marina, See-u.SV Rostock, Meckl.YC-Rostock, Rostocker YC, SV Turbine, Akad.SV
Alt Bartelsdorf
Riekdahl
Brinkmannsdorf
Yachthafen Langenort
Neptun Marina
Yachthafen Gehsdorf Nord
Gehlsdorf
Yachthafen Gehsdorf Süd
DLRG
Rostocker RC
TA6-22-3
Haedgehafen
Stadthafen-Ost
Shop/Paddelcenter Rostock
TA6-22-1 Kanufr.Rostocker Greif
HSG Uni Rostock
TA6-22-2 Rostocker KC
Jugendgästeschiff Rostock Tel.: 0381 6700320
ROSTOCK
Gartenstadt
Groß Schwaß
Sportfischer Neptun R.
R.-Bramow Marina Koch
Reutershagen
Lambrechtshagen
Sievershagen
Evershagen
Schmarl
Warnow
Lütten Klein
SV Breitling
Messe
Maut
Groß Klein
Lichtenhagen
Warnow-Werft
Uni
WARNEMÜNDE
Jugendherberge Warnemünde Tel. 03 81 / 54 81 70
Stoltera
Diedrichshagen
Elmenhorst
Nienhagen
ODAS
Feriencamp Börgerende
TA6-21-3
Börgerende-Rethwisch
Conventer See
gesperrt
Stege
Mühlenfließ
Admannshagen Ausbau
Bahrenhorst
BAD DOBERAN
Althof
Stülow
Allershagen
Parkentin
Rostock
WSV Hanseat
Fischerbruch
Warnowstr.
Warnow
Strecke = 500m
Mühlendamm
Wehr
Ampel-Überweg benutzen!!
Schleuse z.Zt.defekt
Rostocker KC
100m
© 2012: Jübermann-Verlag, Uelzen

Hafen Dierhagen
50m
mini-Strand (evtl. Δ)
Hfn.-Meister
Slip
Wassersport Dierhagen
Im gesamten Küstengebiet liegen zahlreiche große Steine.
Camping "An den Stranddünen"
TA6-23-2
Dierhagen Ost
Dierhagen Strand
Dierhagen
Wasserwanderrastpl. Dierhagen
OstseeCamp Dierhagen
Parkplatz am Hafen
Dierhagen Dorf
Neuhaus
markante Hotelgebäude
Camping Neuhaus
Dändorf
YC Fischland
nur evtl. kein Δ
Langeort
Schifferort
Zangenort
Schwarzer Ort
verfallen
Saaler Bodden
Ribnitzer See
R90/Wu2
R75/D1
Langendamm
Kuhlenbusch
Beiershagen
Dechowshof
Dorf Dechowshof
Ziegelgraben
Recknitzmündung= km 0,0 bis Barhöft (= km 73)
-DAMGARTEN
Hafen Damgarten
Wasserwanderrastplatz Ribnitzer SV Abt. Rudern
TA6-23-3
Pütnitz
Recknitz
hier ungünstig, besser im Hfn. beim RV
Segelclub Ribnitz
WSV Ribnitz-D
Hafen Ribnitz
RIBNITZ-
Jugendherberge Ribnitz-Damgarten Tel.: 0 38 21 / 81 23 11
Klosterbach
Borg
Klär-anl.
Hof Körkwitz
Körkwitz
Neuheide
Neu Klockenhagen
Klockenhagen
Hirschburg
Neu Hirschburg
Klein Müritz
Müritz
Seebrücke Graal-Müritz
Parkplatz Strandmitte
Graal - Müritz
GMN
Graal
Stromgraben
Torfbrücke
Ostseecamp "Rostocker Heide"
TA6-23-1
Wiedort
Stolper Ort
Rosenort
Schüttstelle; Tiefen sind unsicher
ODAS
Rostocker Heide
Gelbensande
Altheide
Neuhof
Petersdorf
Freudenberg Ausbau
Royforst
Wilmshagen
Ehmkenhagen
Willershagen
Wallbach
Erich-Weinert-Siedl.
Prahmgraben
24
22
50
TA6-23
© 2012: Jübermann-Verlag, Uelzen

12°24´
12°33´
54° 29´
54° 19´
Darßer Ort W
Darßer Ort
Darßer Ort Riff
Darßer Ort 1
Darßer Ort Fl.(2+4)22s
ehem. Nothafen Darßer Ort (Zufahrt durch Versandung z.Zt. gesperrt)
für K im Notfall erreichbar
Nationalparkgrenze
Umfahrung Darßer Ort für Kajaks sehr gefährlich, nur bei sehr ruhiger, sicherer Wetterlage, je nach Windverhältnissen z.T. erhebliche Strömungen Befahrung dicht unter Land ist nicht gestattet
(Notfallsituationen ausgenommen)
TA6-24-3 Regenbogen-Resort
TA6-24-4 Meißmer´s Sonnen Camp
Prerow
DARSS
Fa. darßtour siehe Seite 86
Wieck
Hafen Althagen
50m
"Räucherhaus"
Slip
WC
Kiosk
Boots-schuppen
Esper Ort
Jugendherberge Born-Ibenhorst
Hafen Kuhlbruch, (kein für K)
TA6-24-2 Hafen Born (kein Δ)
Born
TA6-24-1 Regenbogen-Resort Born
Köppelstrom
Rhedeort
Umsetzmöglichkeit für K (ca. 1.100m)
Vom Strand-Wellenbrecher-zum Hafen Althagen bzw...
Ahrenshoop
Alt-hagen
Hafen Althagen
Wellenbrecher, dahinter geschützte Anlandemöglichkeit bei Brandung
Bakelberg
Nie-hagen
Balenbrink
Seebrücke Wustrow
Wustrow
Kirchturm= (Ansteuerungshilfe)
Parkplatz Am Hafen
Barnstorf
Hoher Ort
Umsetzmöglichkeit für K (450m)
Nähe Surfschule (Flagge)
WUSTROW
Permin
Kawstrom
Borner Bülten
Neuendorfer Bülten
Eich-ort
Michaels-dorf
Neuendorf Heide
Saaler Bodden
Saaler Riff
Damser Ort
Neuendorf
Hafen Neuendorf
Saaler Höhe
Hermannshgn.Dorf
Staben
Saal
Surfcenter Wustrow
Langeort
Dierhagen Ost
Schifferort
Ziegelgr.
25
23
© 2012: Jübermann-Verlag, Uelzen

12°36'
12°45'
24
26
Weiterfahrt für Kajaks Richtung Hiddensee nur bei sehr ruhiger Wetterlage, (besser umsetzen zum Prerower Strom)
Vereinshfn. (nur Mitglieder)
-Möglichkeit für K
Parkplatz Fuchsberg, Strandzugang 22
35m
Prerow
Wasserwanderrastplatz Prerow
Prerower Strom
TA6-25-1 Camping Am Freesenbruch
Jugendherberge Zingst Tel. 038232-15465
SSV Zingst
TA6-25-4 Privathafen Kloss
YC Zingst
Hafen Zingst
Wasserwanderrastpl.(nur Y)
Anglerverein Zingst
See-brücke
Zingst
ODAS
TA6-25-2 Wellness-Camp
Am Strandübergang 6
TA6-25-3 Campingpl. Leipziger VB
Müggenburg
Zingster Strom
Große Kirr
Bodden-Kilometrierung: Nordwest-Ufer = 7km länger als durchgehende km des Südost-Ufers
50m
windbedingt zeitweise sehr kräftige Strömung !!
Meiningenbrücke (Dreh-+Schwimmbrücke) Öffnungszeiten: siehe: http://verkehrsinformation.mvnet.de (4x täglich für 15 Min.)
Fitt
Oie
Kleine Wiek
Wasserwander-rastplatz Wieck Hafenmeister: 03 82 33-201
Jagdhaus
Fastbülten-haken
Wieck
Bresewitz
Nationalparkgrenze
Bodstedter Bodden
Leuscheort
Barther Strom
Barther Bodden
Hinterste Berge
Mittelste Berge
Bliesenrade
Pruchten
Naturcamp Pruchten
Kiaranl
Fahrenkamp
Zippelstrom
Nadelhaken
Jägerbülten
Planort
Redensee
Bodstedt
Hfn.Bodstedt
Gut Glück (Δ nur n. Absprache)
Campingpl.Bodstedt TA6-25-5
Wasserwanderrastpl. Fuhlendorf
1,5 ☎: 03 88 231-41 230
Fuhlendorf
Michaelsdorf
Barth-Tannenheim
Barth-Hölz
TA6-25-7
Barther Yachtservice
Barther Segler-Verein
Maritim-Center
markante Kirche
BARTH
Jugendherberge Barth Tel.: 03 82 31-28 43
Glöwitzer Berg
Küstrow
Rauher Berg
25m
Barthe
Ostseeflughafen Stralsund-Barth
Bruchhorst
Hermannshagen-Heide
Gäthkenhagen
Kronsberg
Divitz
Kenz
Frauendorf
Rubitz
Zipke
Hermannshof
Hermannshgn.Dorf
Lüdershagen
Spoldershagen
Wobbelkow
Wobbelkow Ausbau
Saatel
8m
<1km/h
Redebas
Löbnitz
Kindshagen
Starkow
Wiepkenhagen
Barther Segler-Verein
Westhafen
Osthafen
Barther Yachtservice
Schiffswerft Barth
Hafenstr.
Werftstr.
Am Osthafen
Maritim-Center Marks

Hiddensee
29
Achtung, Kontrollen!
km laufen weiter bis Bug
km laufen weiter Richtung Stralsund
95
90
85
80
75
Der Bock
Bock
Reede
Barther Zufahrt
72
70
Barhöft
Zarrenzien
Hafen Barhöft
TA6-26-1
100
Bodden-km von Ribn.-Damgarten bis Barhöft=km 73
Flindergrund
Großer Werder
Kleiner Werder
Bülten
kleiner Beobachtungsturm
Langendorfer Breite
Kinnbackenhagener Rinne
Nationalparkgrenze
AV
Wendisch Langendorf
Mini-Hfn. 0,3
Solkendorf
Klausdorf
Kinnbackenh. AV
Kinnbacken-hagen
Bisdorf
Hohendorf
Batevitz
Groß Mohrdorf
Klein Mohrdorf
65
60
55
50
105
110
Damitz
27
AV Prohn 0,8
Prohner Stausee
Klein Damitz
Groß Damitz
Muuks Ausbau
Muuks
Prohn
Prohner Bach
Marine-hfn.
Parow
Kramerhof
Marina Parow
Preetz
Schmedshagen
Neuenpleen
Günz
Nisdorf
Anglerverein Grabow 0,7
Schutzhütte
Grabow
großer Stein
Steinriff
Sundische Wiese
Kleine Wiek
Große Wiek
Kaveln-haken
Fährenkamp
Jugendherberge Barth Tel.: 03 82 31-28 43
Glöwitz
Glöwitzer Berg
Uetzberg
Hfn. Dabitz
Dabitz
25
Hafen Barhöft TA6-26-1
kleine Rampe für K möglich
Festmacher-tonnen
Fahrgastschiff
Diesel
Strand
Zoll
Hafenmeister Tel.: 03 83 23-531
Sanitär
50m

13°05'
13°14'
29
26
28
Lieschow
Lüßvitz
Unrow
Moordorf
Heuwiese
Kubitzer
Bodden
Liebitz
Furt
Landower Wedde
Landow
Ralow
Nationalparkgrenze
Dußvitz
FeWo's
Rugenhof
Prebowsche
Wedde
Neuendorfer Kate
Damitz
AV Prohn
0,8
Klein Damitz
Groß Damitz
Strelasund
Feuer in Linie 222°
47/63
Bessiner Haken
Grabitz
Anleger (flach)
Gurvitz
Breesen
Rothenkirchen
Giesendorf
Drammendorf
Bessir
Rügen
Rambin
Rügen-Umrundung für K
= ca. 224 km
(km 0/224=Rügendamm)
Marinehfn.
Parow
Marina Parow
Barnkevitz
Fa. Wasser u.Wind
Kajak-Sport Rügen
Poppelvitz
Scharpitz
Trendel W
Drewshof
Feuer in Linie 181,1°
Sund-Camp Altefähr TA6-27-4
Altefähr
Hafen Altefähr
Gustowerhöfen
Stralsunder KC/RC
km 116 (ab Warnemünde)
km 0,0 Richtung
Ückermünde
TA6-27-1 Stralsunder KC
+Stralsunder RC
TA6-27-2 City-Marina
Moorteich
TA6-27-3 Wassersportzentrum Dänholm
Grahlhof
glatte Betonwände, Wellen!
Grahler Fähre
Kl.Bandelvitz
Klappbrücke
6,0
8,0
Dänholm-Süd
Wamper Wiek
Frankenteich
Stellplatz unter der Rügenbrücke
Werft
STRALSUND
Am Lüssower Berg
Frankensiedlung
Gr.Lüdershagen
Andershof
Yachthafen Andershof
Voigdehagen
Ziegelgrabenbrücke:
Öffnungszeiten:
2,30 / 5,20 / 9,20
17,20 u. 21,30Uhr
jeweils für 20 Min.
Neu Lüdershagen
Jugendherberge Stralsund
Tel.: 0 38 31-49 02 89
freiw.: >2m Wassertiefe einhalten
Anlandeverbot
Zitterpenningshagen
freiw.: nur vom 1.5.-30.9 befahren
>50m Abstand zum
Schilfgürtel einhalten
Teschenhagen
Negast
Wendorf
Krummenhagener See
Zarrendorf
freiwillige Vereinbarung:
nur vom 1.5.-30.9 befahren
Drigge 1
Fuchsberg
Deviner Haken
Halbinsel Devin
Devin
Deviner See
Marina Neuhof
TA6-27-5
Neuhof
Middelhagen
Brandshagen
Wasserwanderrastplatz
1,0
freiw.: ganzjährig nicht befahren
freiw.: nur vom 1.5.-30.9 befahren
Niederhof
Miltzower Bucht
Neidelhof
Marina Gustow TA6-27-6
Drigge 2
Gustow
freiw. Fahrrinne (+20m) nicht verlassen
Gustower Wiek
Benz
Sissow
Luppath
Prosnitz
Kemlade
freiwillige Vereinbarung:
ganzjährig nicht befahren
Venzvitz
Feuer in Linie 293°
Strelasund
Datzow
City-Marina
Segelv. Hansa
Wassersportzentrum
Dänholm Nord
SV Schifffahrt/Hafen
SSV Hansa
YC Stralsund
Wassertouristik Strals.
ESV Turbine
Klappbrücken
Theater
Rathaus
Heilgeiststr.
Kino
Frankendamm
Karl-Marx-Str.
Werftstr.
Zum Bahnhof
Marinemuseum
Yachthafen Dänholm-Süd
rot-gepunktet = Strecke vom
Bahnhof zum für Kanuten
110
115
116
220
215
210
10
15
20
25
5
1

TA6-28
Muhlitz
13°17'
Tolkmitz
Dumrade
Dumgenevitz
Neu Lanschvitz
Kasnevitz
13°26'
Wreechen
Wreechensee
Luttow
Karowberg
Götemitz
Berglase
Kowall
Kannenberg
Krakvitz
Gützlaffshagen
auffälliger Sendemast
Strachtitz
Glowitz
Frankenthal
Krimvitz
Kl.Stubben
Garz
Altkamp
Gr.Stubben
Buchberg
Kalkberg
Datzow
185
33
Zeiten
Wulfsberg
Renz
Wendorf
Rosengarten
Poseritz Hof
Beek
Gasthaus Lindenkrug
Poseritz
Dumsevitz
Benz
Swantow
Poltenbusch
Schabernack
Luppath
Neparmitz
Puddemin
Groß Schoritz
Silmenitz
Glutzow Hof
Grabow
190
Bodden
27
Mellnitz
freiw.: nur für Anlieger frei
Schoritzer Wiek
freiw. Fahrrinne (+20m) nicht verlassen
Venzvitz
Glutzow Siedl.
Buhse
Puddeminer Wiek
freiw.: ganzjährig nicht befahren !
Maltziener Wiek
Campingplatz Pritzwald
TA6-28-2
Üselitz
Foßberg
Zudar
Rügischer
210
Glewitzer Wiek
Tannenort
Zicker
Freudenberg
freiw.: für K+R nur vom 1.5.-30.9 bis zum Ufer befahren
Poppelvitz
Feuer in Linie 293°
Vogelhaken
Glewitz
Strelasund
Smitershagen
Losentitz
Maltzien
Zudar
Teufelsberg
Schusterberg
205
Gelbes Ufer
Glewitzer Fähre
freiwillig: >2m Wassertiefe einhalten
Miltzower Bucht
20
Gosehaken
Grabow
195
Campingplatz Stahlbrode
TA6-28-1
Neidelhof
Stahlbrode
200
Feuer in Linie 99°
Langerhof
Palmer Ort
Stahlbrode Ausbau
Oberhinrichshagen
Borgwarthof
25
Reinberg
Falkenhagen
Feuer in Linie 270°
Tremt
Kooser Haken
freiw.: 1.10.-30.4. nicht befahren
Höchstgeschwindigkeit 5 kn
Dömitzow
30
Insel Riems
35
Kirchdorf-Siedl.
Riemserort
Riffbrink
Kooser Bucht
Gr. Werder
Gristow
Koos
Hotel-Restaurant Waldeslust (auffällig)
Brinkenberg
Gristower Wiek
Kl. Werder
Jeeser Hof
Jeeser
Kirchdorf
freiwillig: ganzjährig nicht befahren
Waldlager
Frätow
Naturerlebnispark
Kowall
Wendorfer Holz
freiwillig: 1.1.-31.5. nicht befahren
Gr.Karrendorf
Ankern nur Jun.-Aug.
Mesekenhagen
Kl.Karrendorf
Kooser See
Leist I
34
13°15'
13°25'
© 2012: Jübermann-Verlag, Uelzen

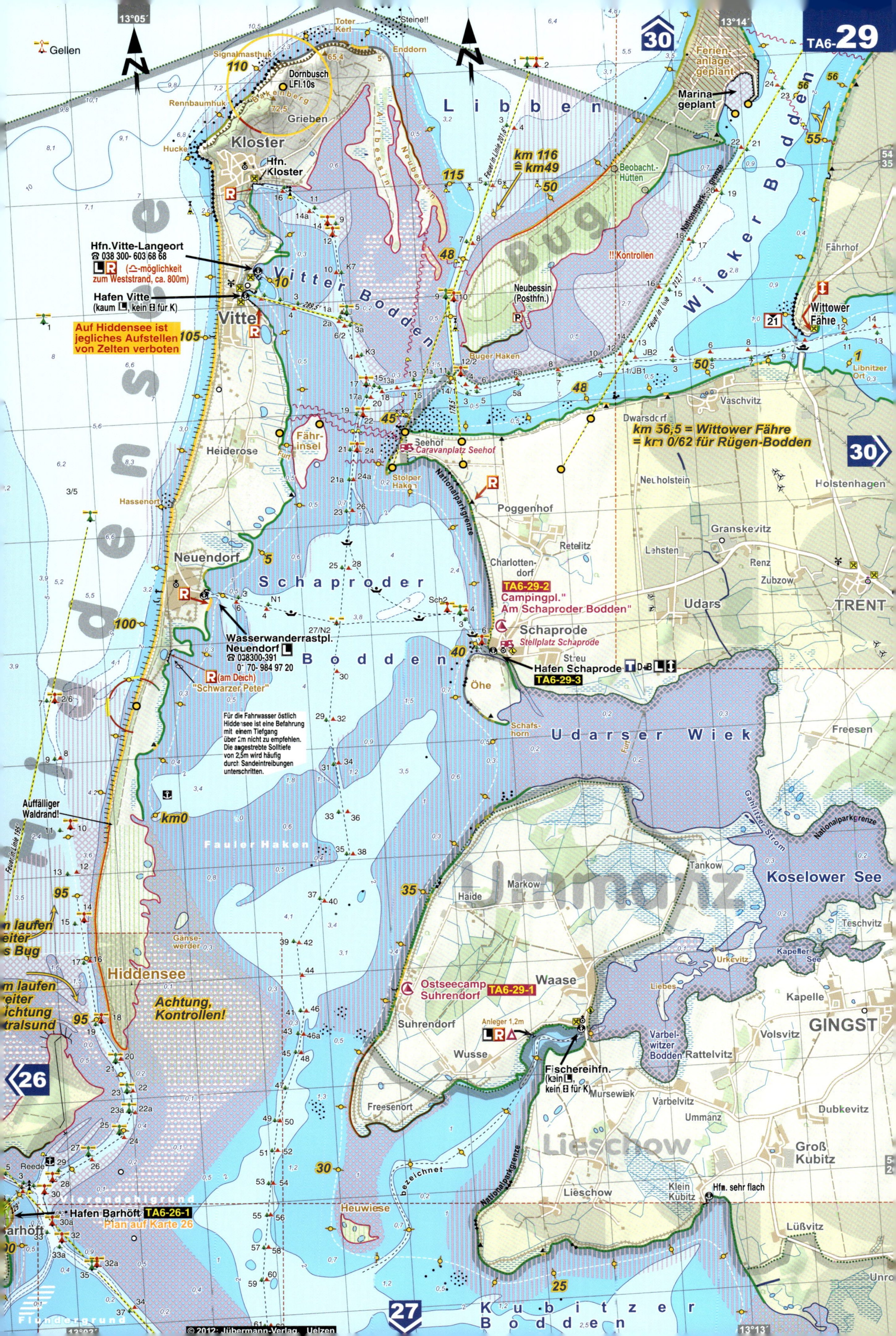
TA6-29
Gellen
Toter Kerl
Steine!!
Signalmasthuk
Dornbusch LFl.10s
Enddorn
Rennbaumhuk
Grieben
Kloster
Hfn. Kloster
Hucke
Libben
Ferienanlage geplant
Marina geplant
km 116 = km49
Beobacht.-Hütten
Bug
!! Kontrollen
Neubessin (Posthfn.)
Wieker Bodden
Nationalparkgrenze
Fährhof
Wittower Fähre
Libnitzer Ort
Hfn.Vitte-Langeort
☎ 038 300- 603 68 68
-möglichkeit zum Weststrand, ca. 800m)
Hafen Vitte
(kaum , kein für K)
Vitte
Vitter Bodden
Auf Hiddensee ist jegliches Aufstellen von Zelten verboten
Buger Haken
Vaschvitz
Dwarsdorf
km 56,5 = Wittower Fähre = km 0/62 für Rügen-Bodden
Heiderose
Fährinsel
Seehof
Caravanplatz Seehof
Stolper Haken
Neuholstein
Holstenhagen
Hassenort
Poggenhof
Granskevitz
Retelitz
Lehsten
Renz
Zubzow
Charlottendorf
Neuendorf
Schaproder Bodden
TA6-29-2
Campingpl." Am Schaproder Bodden"
Udars
TRENT
Schaprode
Stellplatz Schaprode
Streu
Hafen Schaprode
TA6-29-3
Wasserwanderrastpl. Neuendorf
☎ 038300-391
0170-984 97 20
(am Deich)
"Schwarzer Peter"
Öhe
Für die Fahrwasser östlich Hiddensee ist eine Befahrung mit einem Tiefgang über 2m nicht zu empfehlen. Die angestrebte Solltiefe von 2,5m wird häufig durch Sandeintreibungen unterschritten.
Schafshorn
Udarser Wiek
Freesen
Auffälliger Waldrand!
km0
Fauler Haken
Gahlitzer Strom
Tankow
Koselower See
Markow
Ummanz
Haide
Teschvitz
Gänsewerder
Hiddensee
Achtung, Kontrollen!
Urkevitz
Kapeller See
Kapelle
Ostseecamp Suhrendorf
TA6-29-1
Waase
Liebes
Suhrendorf
Anleger 1,2m
Volsvitz
GINGST
Varbelwitzer Bodden
Rattelvitz
Wusse
Fischereihfn. (kein , kein für K)
Murswiek
Varbelvitz
Ummanz
Dubkevitz
Freesenort
Lieschow
Groß Kubitz
Reede
Heuwiese
Klein Kubitz
Hfn. sehr flach
Vierendehlgrund
Hafen Barhöft
TA6-26-1
Plan auf Karte 26
Lüßvitz
Kubitzer Bodden
Unrow
13°05'
13°14'
13°13'
© 2012: Jübermann-Verlag, Uelzen

13°15´
13°24´
Kap Arkona
Arkona
Putgarten
Parkplatz Putgarten
keine PKW-Zufahrt zum Kap Arkona !
Vitt
Varnkevitz
Fernlüttkevitz
Goor
Nobbin
Wollin
Matthow
Schwarbe
Rügen Holiday & Fun
Luigi´s Caravan-Serail
Nonnevitz
Mövenort
Bakenberg
Regenbogencamp Nonnevitz
TA6-30-4
Kreptitz
Küstencamp
Treppe
Gramtitz
Hafen Kuhle
Starrvitz
Banz
Lancken
Kuhle
Buhrkow
Lüttkevitz
Gudderitz
Zühlitz
TA6-30-5
KNAUS Camping- und Ferienhauspark Rügen
Presenske
Reidervitz
Alten-kirchen
Lanckensburg
Juliusruh
Wittower Segelverein Dranske
TA6-30-1
Dranske
Fischer
! Pfähle
für K 100m
Wieker Bodden
Wiek
Marina Wiek
TA6-30-2
Breege
Wasserwanderrastplatz
TA6-30-3
Hafen Breege
Freizeitcamp "Am Wasser"
hat keinen Zugang zum Bodden
TA6-30-6
Tromper Wiek
Schaabe
Zürkwitz
Lobkevitz
Bohlendorf
Schmantevitz
Kammin
Mini-Häfen
Kamminer Fähre
Breeger Bodden
Gelmer Ort
Kegelinberg
Ferien-anlage geplant
Marina geplant
Bischofsdorf
Parchow
Woldenitz
Finkenhaken
Lebbiner Haken
Lebbin
Lebbiner Bodden
Großer Ort
Schaabebucht
Liddower Haken
Großer Jasmunder Bodden
Nationalpark-grenze
Kontrollen
Fährhof
Wittower Fähre
Vieregge
JB23
kl.Hfn.Grubnow
Grubnow
Breetzer Bodden
Libnitzer Ort
Liddow
Liddower Strom
Laase
Breetz
Moritzhagen
Neuenkirchen
Reetz
Mövenort
Beuchel
Vaschvitz
km 56,5 = Wittower Fähre
= km 0/62 für Rügen-Bodden
Mini-Hfn."Libnitz"
29
Neuholstein
Holstenhagen
Libnitz
Tetzitzer See
-noch nicht kartiert-
(Wer kann hier Info nachreichen?)
Teeberg
Banzelvitzer Berge
Tetzitz
Campingplatz Gr.Banzelvitz
TA6-31-1
Groß Banzelvitz
31
Granskevitz
Lehsten
Renz
Zubzow
Triebkevitz
Jabelitz
-noch nicht kartiert-
Neuendorfer Wiek
Zessin
Udars
TRENT
Ganschvitz
Neuendorf
Tribbevitz
Helle
Rappin
Garditz
13°13´
© 2012: Jübermann-Verlag, Uelzen

SASSNITZ
Yachthafen Saßnitz
TA6-31-5
Reede Saßnitz
Fährhafen Sassnitz
glatte Betonmole, Wellenreflektion, !! bei östl. Wind
Neu Mukran
Mukran
Dubnitz
Dwasieden
Lancken
Buddenhagen
Werder
Sagard
Marlow
Neddesitz
Polkvitz
Bobbin
Polchow
Martinshafen
Lietzow
Semper
Störtebeker-Camp (liegt auf Berg)
Detail siehe Karte 32
Großer Wostevitzer Teich
Kleiner Wostevitzer Teich
Fährkomplex Mukran
Parkplatz Königslinie
Kleiner Jasmunder Bodden
Großer Jasmunder Bodden
Ralswiek
Hafen Ralswiek-Süd
TA6-31-2
Hafen Ralswiek-Nord
Naturbühne Ralswiek
Gnies
Lüßmitz
Moisselbritz
Kartzitz
Neu Kartzitz
Woorke
Veikvitz
Bubkevitz
Helle
Rappin
Groß Banzelvitz
Campingplatz Gr.Banzelvitz
TA6-31-1
Tetzitz
Tetzitzer See
Lebbiner Bodden
Liddower Haken
Großer Schaabebucht Ort
Schaabe
Tromper Wiek
Glowe
Hafen Glowe
TA6-31-3
Königshörn
Segelsportgem. Glowe
Mittelsee
Spyckerscher See
Spycker
Ruschvitz
Baldereck
Kampe
Bisdamitz
Rugeshus
Nardevitz
Blandow
Lohme
Hafen Lohme
TA6-31-4
Nipmerow
Waldcamping Nipmerow
Wohnmobilplatz am Dorfladen
Ranzow
Hagen
Holzkoppel
Parkplatz am Königsstuhl
Gummanz
Promoisel
Rusewase
Dargast
Kreidebruch
Stubbenkammer
Große Stubbenkammer
Königsstuhl
Viktoria-Sicht
Kollicker Ort
Tipper Ort
Wissower Klinken
Waldhalle
Hengst
Treppe
Kieler Bach
Piekberg
Mini-Hafen flach zelten verboten Rastpl. gut
Jasmund
Wall
Banzelvitzer Berge
Teeberg
Hüttelbucht
Waller Ort
bezeichnet
Zufahrt ca. 2,5m
Quosnickberg
Wüste Berg
Galgenberg
Bickberg
Dwasiedener Berg
Fussische Berge
Danziger Berg
Schlenenberg
Kegelin Berg
Gelmer Ort
Seebrücke

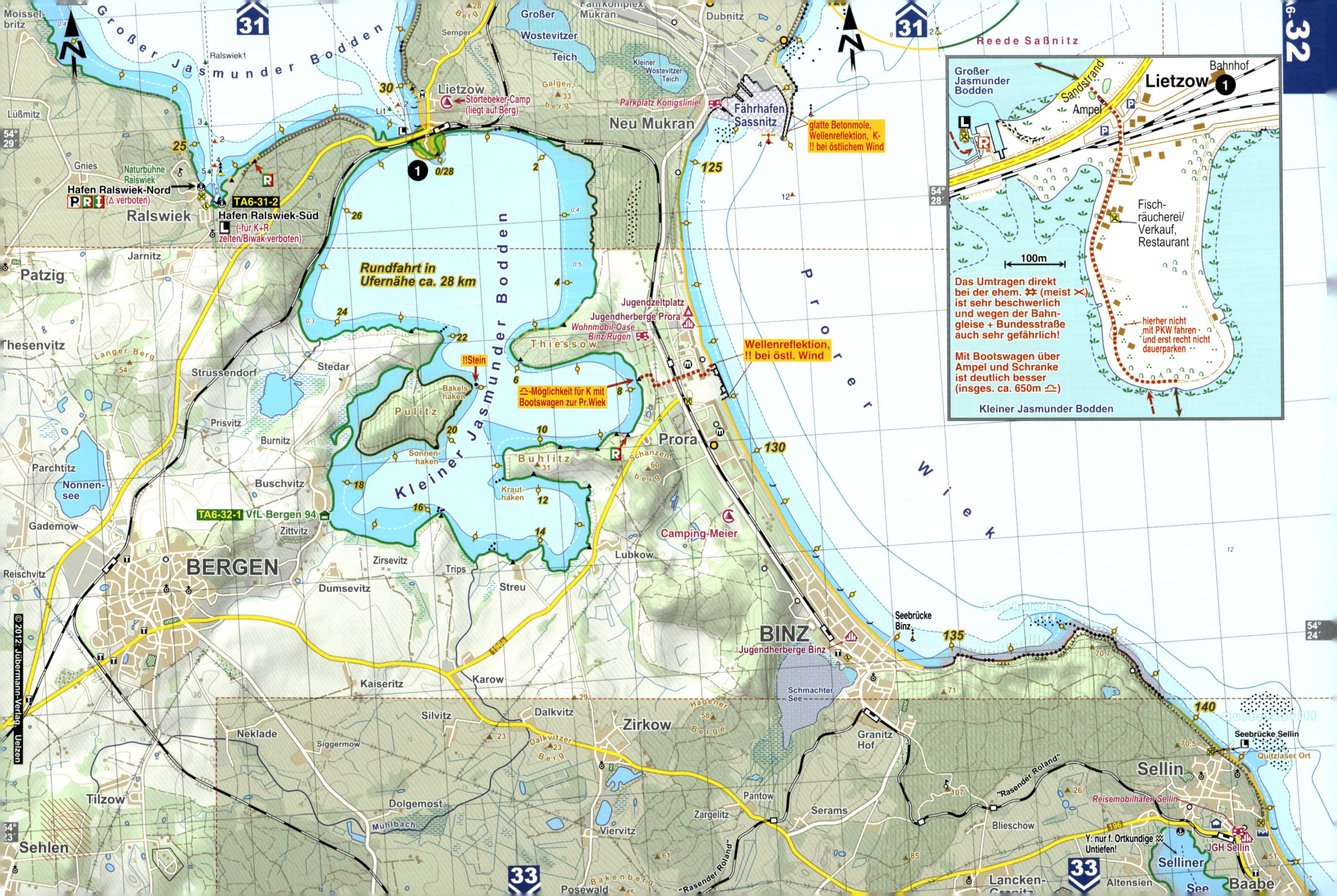

Großer Jasmunder Bodden
Moisselbritz
Lüßmitz
Gnies
Ralswiek1
Naturbühne Ralswiek
Hafen Ralswiek-Nord
(Δ verboten)
TA6-31-2
Hafen Ralswiek-Süd
(-für K+R zelten/Biwak verboten)
Ralswiek
Jarnitz
Patzig
Thesenvitz
Langer Berg
Strüssendorf
Prisvitz
Burnitz
Parchtitz
Nonnensee
Buschvitz
Gademow
TA6-32-1
VfL Bergen 94
Zittvitz
Reischvitz
BERGEN
Neklade
Tilzow
Sehlen
Lietzow
Störtebeker-Camp (liegt auf Berg)
Semper
Großer Wostevitzer Teich
Kleiner Wostevitzer Teich
Galgenberg
Parkplatz Königslinie
Neu Mukran
Dubnitz
Fährhafen Sassnitz
glatte Betonmole, Wellenreflektion, K-!! bei östlichem Wind
Reede Saßnitz
0/28
Rundfahrt in Ufernähe ca. 28 km
Kleiner Jasmunder Bodden
Stedar
!!Stein
Bakelshaken
Pulitz
Sonnenhaken
Thiessow
Möglichkeit für K mit Bootswagen zur Pr.Wiek
Buhlitz
Krauthaken
Jugendzeltplatz
Jugendherberge Prora
Wohnmobil-Oase Binz/Rügen
Wellenreflektion, !! bei östl. Wind
Prora
Schanzenberg
Camping-Meier
Lubkow
Zirsevitz
Trips
Dumsevitz
Streu
Kaiseritz
Karow
Silvitz
Dalkvitz
Siggermow
Dalkvitzer Berg
Dolgemost
Mühlbach
Zirkow
Hagener Berge
Viervitz
Posewald
Bakenberg
Zargelitz
Pantow
Serams
"Rasender Roland"
Prorer Wiek
BINZ
Jugendherberge Binz
Seebrücke Binz
Schmachter See
Granitz Hof
Blieschow
Lancken-Granitz
Altensien
Sellin
Seebrücke Sellin
Quitzlaser Ort
Reisemobilhafen Sellin
JGH Sellin
Y: nur f. Ortkundige Untiefen!
Selliner See
Baabe
125
130
135
140
31
33
Großer Jasmunder Bodden
Sandstrand
Ampel
Lietzow
Bahnhof
Fisch-räucherei/ Verkauf, Restaurant
100m
Das Umtragen direkt bei der ehem. (meist ✕) ist sehr beschwerlich und wegen der Bahngleise + Bundesstraße auch sehr gefährlich!
Mit Bootswagen über Ampel und Schranke ist deutlich besser (insges. ca. 650m)
hierher nicht mit PKW fahren - und erst recht nicht dauerparken
Kleiner Jasmunder Bodden
© 2012: Jübermann-Verlag, Uelzen

Sellin
Selliner See
Baabe
Göhren
Nordperd
Camping-Zentr. Baabe
TA6-33-1
Regenbogen-Resort Göhren
TA6-33-2
Freizeit-Oase Rügen
TA6-33-3
Camping-Oase Thiessow
TA6-33-4
Surf-Oase
TA6-33-5
Camping am Bodden
TA6-33-6
Marina Lauterbach
TA6-33-7
Middelhagen
Lobbe
Lobber Ort
Thiessow
Südperd
Klein Zicker
Groß Zicker
Gager
Zickersee
Mönchgut
Hagensche Wiek
Having
Alt Reddevitz
Neu Reddevitz
Mariendorf
Moritzdorf
Seedorf
Altensien
Neuensien
Neuensiener See
Lancken-Granitz
Preetz
Gobbin
Burtevitz
Dummertevitz
Kl. Stresow
Groß Stresow
Stresower Bucht
Zickersches Höft
Reddevitzer Höft
Gobbiner Höft
Rügischer Bodden
Vilm
Lauterbach
Putbus
Vilmnitz
Nadelitz
Freetz
Lonvitz
Posewald
Viervitz
Zargelitz
Pantow
Serams
Nistelitz
Blieschow
Zirkow
Neuendorf
Wreechen
Wreechensee
Neukamp
Glowitz
Güstelitz
Pastitz
Dolgemost
"Rasender Roland"
vom 1.11.-15.5. für motorgetriebene Fahrzeuge gesperrt (Fahrwasser ausgenommen)
Biosphärenreservat Südost-Rügen
Thiessower Haken
32
35
28

TA6-34
35
28
Greifswalder Bodden
Gefahrenstelle, bei Seegang Abstand halten !
freiw.: vom 1.10.-30.4. nicht befahren (>2m Tiefe einhalten)
Seebrücke Lubmin
Lubmin
Waldheide
Wusterhusen
Pritzwald
Latzow
Konerow
Gustebin
Stilow
Klein Ernsthof
Rappenhagen
Vierow
Brünzow
Kemnitz
Gahlkow
Loissin
Neuendorf
Ludwigsburg
Neuendorf Ausbau
Campingplatz Lossin
TA6-34-3
Gahlkower Haken
Bohrplattform
freiw.: ganzjährig nicht befahren
Die Lanken
Dänische Wiek
Höchstgeschw. 5kn Ankern nur Jun.-Aug.
YC Wieck
Greifswalder YC
Eldena
Wieck
Ankern nur Jun.-Aug.
Wampener Riff
Wampen
Klär-anlage
Industriehafen
Klappbrücke Wieck
Öffnungszeiten: in der Saison (21.04.–02.09.), ab 9-11⁰⁰/13-20⁰⁰ stündlich
Yachthfn. Ladebow
Ladebow
Ryck
Uni-Wassersportzentr. +Akad. Seglerverein
Hochschul-Sportzem. Uni Greifswald
TA6-34-1
Museumshafen
Marina Greifswald
Greifswalder RC "Hilda"
TA6-34-2
Jugendherberge Greifsw. Tel.: 03834-51690
Greifswald
Neuenkirchen
Kooser Berg
Oldenhagen
Wackerow
Leist 1
Leist 2
Leist 3
Kooser Haken
freiwillig: 1.10.-30.4. nicht befahren Höchstgeschwindigkeit 5 kn
Kooser Bucht
Koos
Kooser See
freiwillig: ganzjährig nicht befahren
Frätow
Gr.Karrendorf
Kl.Karrendorf
Gristower Wiek
Insel Riems
Riff-brink
Gr. Werder
Feuer in Linie 270°
© 2012: Jübermann-Verlag, Uelzen

Der maximale Tiefgang für die nördliche Ansteuerung des Peenestroms = 4,5m
freiw.: ganzjährig nicht befahren
Ausnahme für Kanuten bei Starkwind (trotzdem größtmöglicher Abstand zum Ufer sowie Vogelansammlungen !!)
freiw.: ganzjährig nicht befahren
Befahrungsverbot !!! Munition !!!
Peenemünder Haken
Tonnenbank
Knaakrückenrinne
Tonnenbankrinne
Struck
Freesendorfer See
Spandowerhagener Wiek
Spandowerhagen
Kanuhof TA6-35-1
Campingplatz "Waldcamp" TA6-35-2
Freest
TA6-35-3 See-Segeln Freest
TA6-35-4 Marina Kröslin
Nonnendorf
Kröslin
Latzow
freiw.: Rund um den Großen Wotig >2m Wassertiefe einhalten Alte Peene daher nicht befahren
Kanuten und Ruderer dürfen die Alte Peene bei starkem Wind zügig und ohne Anhalten befahren
flach (0,3m)
freiw.: vom 1.10.-30.4. nicht befahren
Peenemünde
Kölpinsee
Cämmeler See
Großer Wotig
Alte Peene
TA6-35-5 Hafen-Karlshagen
Karlshagen
Hollendorf
Voddow
Karrin
Mittelhof
Sandhof
Rauher Berg
Peenestrom
Trassenheide
Mölschow
Groß Ernsthof
Weidehof
Zecherin
Pritzwald
Bannemin
Zinnowitz
Zinnowitzer YC
Zempin
Dünencamp Karlshagen TA6-35-6
Campingpl. Ostseeblick Trassenheide TA6-35-7
Trassenmoor
Campingplatz Pommernland TA6-35-8
Seebrücke
NFH Usedom/Familienferienstätte Zinnowitz
Camping "Am Dünengelände" TA6-35-9
Zinnowitzbank
Dicke Berta
PEENEMÜNDE
Neben-karte rechts
34
36
33
TA6-35
Hafen Freest
Fischer
Werft
See-Segeln Freest
Dorfstr.
200m
Thiessower Haken
Oase
Landtief W
Schumachergrund O
Schumachergrund
freiwillig: 1.10. bis 30.4. nicht befahren
Nothafen Ruden
Ruden
für K über Steinschüttung bedingt möglich
Reede
13°42´
13°47´
13°58´
54° 16´
54° 14´
54° 13´
54° 11´
54° 05´

Hafen Ückeritz
Campingplatz 'Am Sandfeld'
Campingplatz Stubbenfelde
Kölpinsee
Stubbenfelde
Koserow
Seebrücke
Wilhelmshöhe
Loddin
Loddiner Höft
Ückeritz
Stagnieß
Hafen Ückeritz (0,6m)
TA6-36-10 Naturcamping Stagnieß
Hafen Stagnieß -wird ausgebaut, z.Zt. gesperrt! (bis ca. 2013)
Groote Beek
Campingplatz Neppermin
TA6-36-11
Neppermin
Balmer See
Cosim
Werder
Anglerverein Loddin Slip
Bootshafen I, Koserow
Achterwasser
Trockenort-N
Grüssower Ort
Hafen Grüssow (0,8m)
Grüssow
Reestow
Liepe
Lieper Winkel
Warthe
kl.Fischereianleger (flach)
Quilitz
kl.Privathafen
Zempin
Anglerverein
TA6-35-9
Görmitz
Hoher Ort
Haubenhorn
Feuer in Linie 16,3
Warther Haken W
H.Schar-S
Störlanke
Mellsee
Neuendorf
Yachtlieger Achterwasser
TA6-36-8
Netzelkow
Lütow
TA6-36-7 Naturcamping Usedom
Möwenort
H.Schar-W
Weißer Berg
Feuer in Linie 141°-321°
Lassan
Lassaner Bucht
Zinnowitz
Zinnowitzer YC
TA6-36-9
Gr. Krumminsee
Krumminer Wiek
Hafen Krummin
Krummin
Bannemin
Mölschow
Zecherin
Mahlzow
Brücke Wolgast
Öffnungszeiten
17.05.bis 14.10.:
05:45 / 07:45 / 12:45
16:45 / 20:45 Uhr
jeweils für 15 Minuten
www.stadt-wolgast.de/index.php?id=280
UKW 9
TA6-36-5 Ruderverein Wolgast
Wolgaster Fähre
Neeberg
Sauzin
Ziemitz
TA6-36-6 Sportboothafen Ziemitz
Peenestrom
Rinne
Negenmark
kl.Fischerhafen
Bauerort
Wehrland
Alt Bauer
Bauer
Waschow
Klein Jasedow
Detail siehe Karte 46
Wasserwanderrastplatz Lassan
Seckeritz
Zemitz
Hohenseel
Zarnitz
Hohendorf
Hohendorfer See
Angelverein
Spitzenhörner Bucht
Tannenkamp
Weidehof
Mittelhof
Groß Ernsthof
Zoo
WOLGAST
TA6-36-1 Segelclub Wolgast
TA6-36-2 Marina Schlossinsel Horn
TA6-36-3 Segelverein Wolgaster Greif
TA6-36-4 Kanusportverein Wolgast
35
46

13°48´
13°55´
38
Steine !!
5m
Klinkow
Basedow
Ucker
Wasserwanderrastplatz
WC
Stegemannshof
Mönchehof
Wollenthin
Steine
Quillow
bei Sommer-NW erst hier
bei NW sehr flach, oft Treideln nötig
Güstow
nicht kartiert
Steine unter der
PRENZLAU
Bündigershof
Drense
Mühlhof
ganzjährig gesperrt
Strom
Wassersportzentrum Aqua Live
Prenzlauer SV Uckermark
TA6-37-5
Segelverein Rot-Weiß
Naturerlebnis Uckermark
Alexanderhof
Neustädter Vorstadt
Schäferei Sabinenkloster
Alexanderhöhe
Angelverein (mit
TA6-37-4 Seesportverein Prenzlau
Angelverein
TA6-37-3 Prenzlauer Segelclub
Kap
Dreyershof
Unteruckersee
Magnushof
Augustenfelde
Ewaldshof
Röpersdorf
Matteshöhe
Schmachtenhagen
Seelübber See
Bietikow
Seelübbe
TA6-37-2 Berlin-Usedom-Box
Zollchow
Kietz
Modderort
Haussee
Weselitz
Spitzberg
Hohenzollchow
Bertikower See
Bertikow
Große See
Sternhagen
Steinhagener See
Ucker-kanal
Möllensee
Berghausen
Blankenburger See
Hohengüstow
AS6 Prenzlau
Strehlow
Brandmühle
Hof Sternhagen
Oberhof Strehlow
Seehausen
Krummesee
Mühlgraben
Stiersee
Potzlow
www.seehotel-huberhof.de
Blankenburg
15m
Heidehof
Pinnow
Potzlow Ausbau
Großer Potzlowsee
Quast
Grenze Biosphärenreservat Schorfheide-Chorin
Kobottenhof
Pinnower See
Gr. Kuhsee
Oberuckersee
Fergitz
Warnitz
AS 7 Warnitz
Weiler
Kl. Eichberg
Campingpl. Oberuckersee
TA6-37-1UKW 9
Gr. Eichberg
Tangerberg
Kaakstedt
Wrietzensee
Fergitzer Mühle
Melzow
Polßen
Stierngraben
Mühlengraben
Flieth
Suckow
Große Lanke
Grünheide
Haussee
Voßberg
19,5 km
Schmiedeberg
Prenzlau
es folgen bei NW bis zur Quillowmündung etliche Treidelstellen
Eiscafé
B109
Kirche
neue Rampe zum Einsetzen
km 0,0
Unteruckersee

13°51'
13°57'
Stolzenburg
Franzfelde
Betonschwelle Faltboote !!
Bahnhofstr.-, Steine!, evtl.
Skizze auf Karte 39
39
Wasserwanderrastplatz KunstgARTen Pasewalk
TA6-39-1
12m
Papendorfer Ausbau
Rohrbrücke
PASEWALK
AS Pasewalk-Nord
Papendorf
104
20
25
Uecker
Ruhleben
3
Sohlschwell Papendorf-Rollwitz
km 24,2
Fischtreppe ab MW, vorher anschauen!
Ucker
ca. 100m
20m
Hohen Tutow
Starkshof
Wilsickow
53° 29'
Kläranl.
Beeke
Brietzig
Rollwitz
2 km/h
AS 36 Pasewalk-Süd
2
Nechlin-Nieden
km 17,3
Nechlin Ausbau
Schmarsow
109
Weinberg
Werbelow
Seegraben
Schmarsow Ausbau
Züsedom
Damerow
Beeke
Nechlin
11m
Steine !
Tangerberg
47
Nieden
Trebenow
Lübbenow
Bahnhof Nechlin
Schiefe Möhne
Wechsel der Schreibweise: Ucker // Ücker (oder Uecker)
Neuenfeld
Karlstein
Bandelow Ausbau
Töhntop
15
Scharfeberg
63
Engstelle, re.+li.Steine!
Malchow
Schönfeld
Bandelow
Kläranl.
Göritz
Galgenberg
65,7
(Mühlenruine)
Klockower
Klockow
Tornow
Karlshof
Göritz
Dauer
2 km/h
11m
10
Dauergr.
Stein-furth
Steinfurther Bach
Schönwerder
Schenkenberg
Kleptow
Dauer-thal
Dedelow
Blindow
AS 37 Prenzlau-Ost
Dauergraben
Blindower See
Baumgartener See
Ludwigs-burg
8m
Wittenhof
Baumgarten
5
Ellingen
Großer Grenzsee
Steine !!
5m
Klinkow
Stegemannshof
bei Sommer-NW erst hier
oberhalb bei NW sehr flach, oft Treideln nötig
53° 20'
Wasserwanderrastplatz
WC
PRENZLAU
Mönchehof
37
Wollenthin
Kläranl.

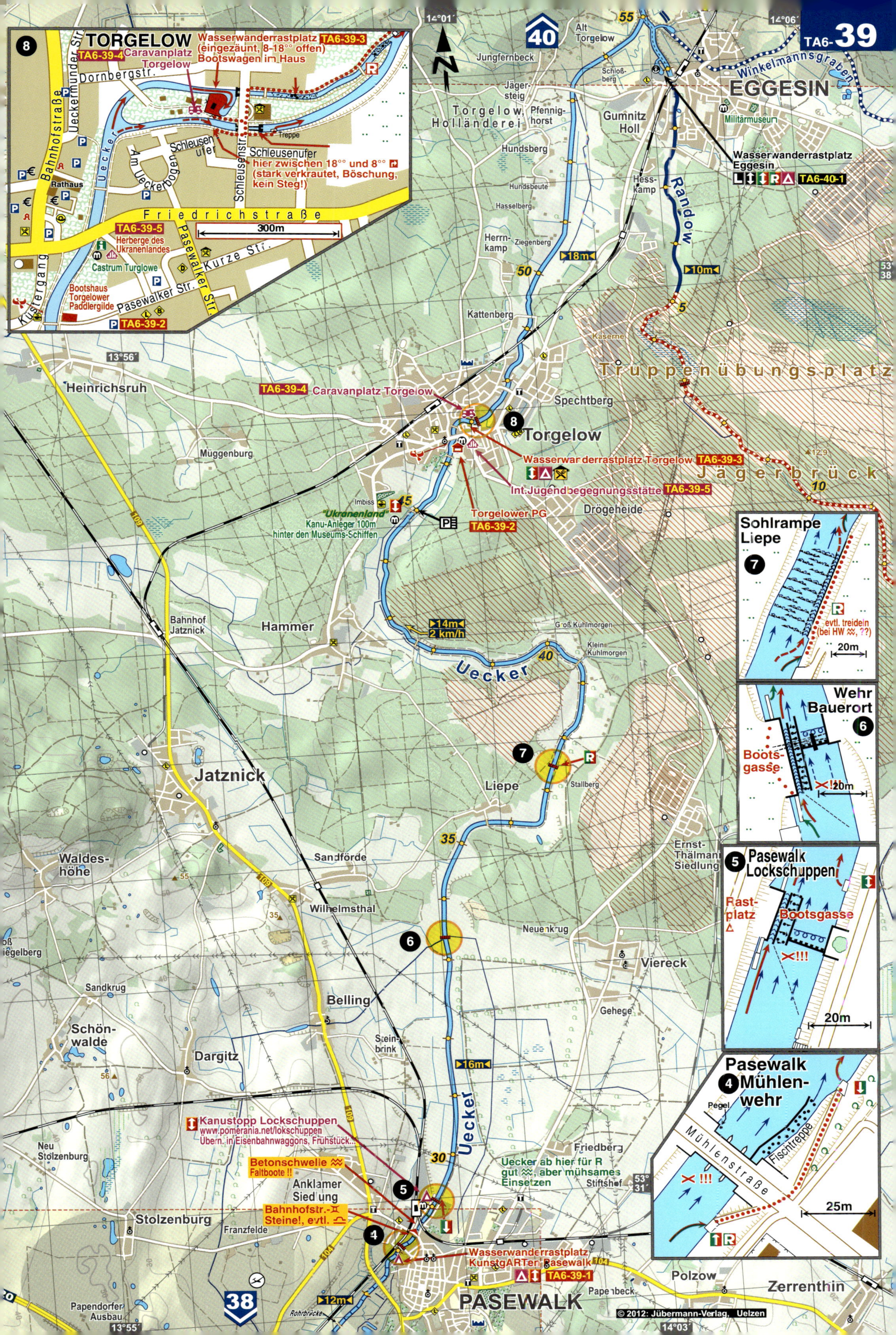

TORGELOW
Wasserwanderrastplatz TA6-39-3
(eingezäunt, 8-18°° offen)
Bootswagen im Haus
TA6-39-4 Caravanplatz Torgelow
Dornbergstr.
Bahnhofstraße
Ueckermünder Str.
Uecker
Am Ueckerbogen
Schleusenufer
Schleusenstr.
Treppe
Schleusenufer hier zwischen 18°° und 8°°
(stark verkrautet, Böschung, kein Steg!)
Rathaus
Friedrichstraße
300m
TA6-39-5 Herberge des Ukranenlandes
Castrum Turglowe
Kurze Str.
Pasewalker Str.
Bootshaus Torgelower Paddlergilde
Küstergang
TA6-39-2
14°01'
14°06'
40
Alt Torgelow
55
Jungfernbeck
Winkelmannsgraben
EGGESIN
Jägersteig
Torgelow Holländerei
Pfennighorst
Gumnitz Holl
Militärmuseum
Wasserwanderrastplatz Eggesin
TA6-40-1
Hundsberg
Hundsbeute
Hessenkamp
Randow
Hasselberg
Herrnkamp
Ziegenberg
18m
50
10m
53 38
5
Kattenberg
Kaserne
Truppenübungsplatz
13°56'
Heinrichsruh
TA6-39-4 Caravanplatz Torgelow
Spechtberg
Torgelow
8
Müggenburg
Wasserwanderrastplatz Torgelow TA6-39-3
Jägerbrück
10
Int. Jugendbegegnungsstätte TA6-39-5
Imbiss
45
"Ukranenland"
Kanu-Anleger 100m hinter den Museums-Schiffen
Torgelower PG
TA6-39-2
Drögeheide
109
Sohlrampe Liepe
7
evtl. treidein (bei HW, ??)
20m
Bahnhof Jatznick
Hammer
14m
2 km/h
Groß Kuhlmorgen
Klein Kuhlmorgen
40
Uecker
Wehr Bauerort
6
Bootsgasse
20m
Jatznick
Liepe
Stallberg
35
Waldeshöhe
Sandförde
Ernst-Thälmann Siedlung
Pasewalk Lockschuppen
5
Rastplatz
Bootsgasse
Wilhelmsthal
Neuenkrug
Viereck
Belling
Sandkrug
Schönwalde
Gehege
Steinbrink
20m
Dargitz
16m
Pasewalk Mühlenwehr
4
Pegel
Mühlenstraße
Fischtreppe
Kanustopp Lockschuppen
www.pomerania.net/lokschuppen
Übern. in Eisenbahnwaggons, Frühstück...
Neu Stolzenburg
Betonschwelle
Faltboote !!
Uecker
30
Friedberg
Uecker ab hier für R gut, aber mühsames Einsetzen
Stiftshof
53° 31'
Anklamer Sied lung
25m
Stolzenburg
Bahnhofstr.- Steine!, evtl.
Franzfelde
Wasserwanderrastplatz KunstgARTen Pasewalk
TA6-39-1
104
Polzow
Zerrenthin
Papendorfer Ausbau
38
12m
PASEWALK
Papenbeck
13°55'
14°03'
© 2012: Jübermann-Verlag, Uelzen

USEDOM
hier kein ⊞ möglich !
Paske
Usedomer See
Welzin
kl.Privathafen
Ostklüne
Stolpe
Gummlin
Hafenverein Gummlin
Tel. 038372-71984 -71985
Bossin
Privathafen
für K als Notrast erlaubt, kein Δ!!
schwierige Zufahrt für Y, besser meiden
Meta-2
PN118
Peenestrom Süd/H1
Feuer in Linie 283°
H2
H3
H4
Kleines Haff
Mönkebude
100m
Fischerei
Slip
Fahrgastschiffe
Wohnmobil-stellplatz
Strand
Hafenmeister
Kamighaken N
M1
M2
UE
UE1
UE2
UE4/B2
Leopolds-hagen
Wohnmobilparkplatz Mönkebude
Mönkebude
TA6-40-7 Yachthafen Mönkebude
1,1 bis 2,5
Ostsee-Campingpark
TA6-40-6 Oderhaff
Grambin
Uecker-Mündung= km 64 ab Prenzlau
= km 20 ab Karnin
Kamighaken
Fähre
Ückermünde-Stadthafen
-Kamminke
SC-Blau-Weiß
Zentr.f.Erlebnispädagogik
TA6-40-4
Maritim Yachtzentr.Cange
YC Ueckermünde
Seesportclub Vorpommern
TA6-40-3
Marina Lagunenstadt
Industrie-hafen
Fischerhafen
Ueckermünde-Ost
Ferien-u. Freizeitanlage Kron Bellin
TA6-40-5
Belli
Berndshof
Zarowmühl
18m
Sohlrampen ??
Im Sommer verkrautet
16m
UECKERMÜNDE
Tierpark
Köhnscher Kanal
Stadthafen Ueckermünde
TA6-40-2
Parkplatz an der Uecker
30m
Stellplatz Am Jägersteig
Stellflächenvermietung Kieß
Rochow II
Rochow
Millnitz
Zarow
Liepgarten
Apothekerberg
Kirchenbruch
Starkenloch
Klappbrücken geschlossen: 1,7
Öffnungszeiten für jeweils 15 Minuten:
Mai-Sept. Mo. - Fr.: 8/13/15/19 Uhr
Sa, So, F.: 8/10/13/15/17/19 Uhr
Apr. und Okt.: 10/13 Uhr
Nov.-März: 10 Uhr
www.ueckermuende.de/brueckenzeiten.htm?menuid=05
Uecker
Hoppenwalde
Grenzberg
26m
Wasserwanderrastplatz Eggesin
TA6-40-1
Annenhof
Meiersberg
Jädkemühl
Floßgraben
Alt Torgelow
Jungfernbeck
EGGESIN
Winkelmannsgraben
Schloßberg
Sprengersfelde
13°57'
14°07'
13°56'
14°06'
46
39
© 2012: Jübermann-Verlag, Uelzen

Levitzow
Thürkow
Sohlgleite befahrbar bei NW evtl. treideln
Bookhorstberg
Groß Markow
Teterower Peene
NEUKALEN
<0,5km/h
Karnitz
Schlakendorf
Seerosen !
Neu Sührkow
Wehr meist ✕ re.oderli. (einfach)
Ab Ende Mai total verschilft und ✕
Bukow
Alt Sührkow
Pohnstorf
Geritzberg
Hagensruhm
42
Franzensberg
Burgwallinsel
Teterower See
Golfplatz
Hardtberg
Hohen Mistorf
TSSV
Teschow
Jugendherberge Teterow
Tel. 03996-172 668
Retzow
Gülitz
Teschower Siedlung
TETEROW
Neu Panstorf Ausbau
Harkenberg
Jettchenshof
Niendorf
Saalenberg
Pisede
Peenekanal
Kilometer 0,0
104
Pampow
Neu Panstorf
Alt Panstorf
Remplin
Ostberg
Malchiner KC
TA6-41-4
Schmiedeberg
Hütteberge
Kahler Berg
Dahmer Kanal (Westpeene)
MALCHIN
Fischereisperre
5.5.-31.8.: 20°°-6°°
1.9.-15.10.: 18 -6°°
Fuhrsberg
Glasow
Wendischhagen
Wasserwanderrastplatz "Koesters Eck"
Kran
TA6-41-3
Jägerhof
Y-Achtung, Sandbank
Fischtreppen-Wehr unter Str.,✕,li.u.re.Betonschräge zum ⌂, bei HW ⌂ über Str.
Neu Tessenow
Berg Sinai
schmale Einfahrt ganz rechts halten
Ostpeene
Basedow-Höhe
Viezenhof
Gielower Mühle
Bristow
Tessenow
Speckberg
Kistenberg
Seerundfahrt in Ufernähe = ca. 20 km
Ausbau
Carlshof
Gessin
Peenhäuser
Lindenberg
Jakobsberg
Basedow
Gielow
Gielow Ausbau
Bülow
Malchiner See
Seedorf
Stöckersoll
Schorssow
Haussee
Campingplatz Seedorf
TA6-41-2
Hüttenkoppe
Hinrichsfelde
Behmkensberg
Eichberg
Teerofen
Liepen
Neuhäuser
Lupenbach
Dahmen
Campingplatz Dahmen
TA6-41-1
JH Dahmen
Rothenmoor
Neu Basedow
Langwitz
Christinenhof
Försterhof
Schlehenberg
Schwinkendorf
Lupendorf

TA6-42
49
43
41
41
Die Peene ist ein landschaftlich sehr interessanter Fluss, die Strömungsrichtung wird vom Wind bestimmt (bis zum Malchiner See macht sich der Einfluss der Ostsee bemerkbar). Die Peene erscheint einem oft als endlos langer See mit gleichbleibender Breite; kaum Berufsschifffahrt, wenig Motor- und Kanubetrieb.
Röcknitzbach: Ab Klostersee nur bis April bei HW für K1, ca. 3m breit
Lehnenhof
Barlin
Pisede
Damm
Glasow
Neubauhof
DARGUN
Zarnekow
Warrenzin
Levin
Romershof
Altkalen
Klostersee
Kläranl.
Irrgarten
Altbaufoh
Dörgelin
Klever-hof
Levin Werder
Upost
Wasserwanderrastplatz
Tritte
Röcknitzbach
Darguher Kanal
Kämmerich
Crambeers-moor
Wagun
Schwarzenhof
Kützerhof
Steg
Demminer SBV
Wasserwanderrastplatz
WC,Du
Schönfel
Verchen
Sarmstorf
Schorrentin
Bocksberg
Personenfähre
Aalbude
sehr langes Stellnetz
Bornitz-berge
Bornitz
Lelken-dorf
Schönkamp
Warsow
Gravelotte
Campingplatz Meesiger Gravelotte Wasserwanderrastplatz
TA6-42-2
Meesiger
Teterower Peene
Peenekanal
NEUKALEN
Wasserwanderrastplatz Neukalen
TA6-42-3
<0,5km/h
Karnitz
Kummerower See
Schlakendorf
Campingplatz Sommersdorf TA6-42-1
Sommersdorf
Wasserwanderrastplatz Salem
Franzensberg
Salem
Kl.Fischerhafen
Stellnetze !!
Wolkwitz
Gorschendorf
Neu Sommersdorf
Retzow
Gülitz
Malchiner Segler-Verein
Steine
Axelshof
Harkenberg
Jettchenshof
Wasserwanderrastplatz
Imbiss
Kummerow
TA6-41-3
Wasserwanderrastplatz "Koesters Eck"
Kran
Pisede
Peenekanal
Kilometer 0,0
Silokanal
Westpeene
Dahmer Kanal
MALCHIN
Leuschentin
Maxfelde
Malchiner KC
TA6-41-4
Fischtreppen-Wehr unter Str., li.u.re.Betonschräge zum, bei HW über Str.
Wasserwanderrastplatz "Köster´s Eck" Malchin
Dahmer Kanal
Malchiner KC
Ostpeene
Dahmer Kanal, mit Motor nur für kleine Trailerboote bis Malchiner See befahrbar
100m
© 2012: Jübermann-Verlag, Uelzen

LOITZ
DEMMIN
Drehbrücke Loitz 1,8 6,5
Öffnungszeiten 1.4.-31.10.:
7:20 / 11:00 / 15:30 / 18:40 Uhr (je 10 Min)
TA6-43-4 Kanustation Loitz
TA6-43-5 Marina Loitz
Einige Entwässerungsgräben sollen im Frühjahr ≈ sein (-wurde nicht kartiert), ´wohl kaum lohnend
Die Torfstiche sind wertvolle Rückzugsgebiete für die Tierwelt (z.B. Fischotter). Aufenthalt und Rasten dort bitte unbedingt vermeiden !
Wasserwanderrastplatz Pensin
☎ 0171 / 7493615
Klappbrücke Demmin 2,0
Öffnungszeiten 1.4.-31.10.:
9 / 11:30 / 14:10 / 19:30 Uhr
jeweils für 10 Minuten
WWR Kanuhaus
TA6-43-2
Sport-u.Freizeitzentr.Schult TA6-43-3
TA6-43-1 Segelclub Demmin+ Wasserwanderrastplatz
bis Sanzkow nur für sehr kleine Motorboote geeignet
Wasserwanderrastplatz
Hoher Steg, nur am Ende kleiner Platz für K'zum
Wasserwanderrastplatz Trittelwitz
☎ 03 99 94- 1 04 38
Tollense, Vanselow
links oder rechts vor dem Wehr durch ein enges Betonrohr in einen Altarm einfahren, der das Wehr umgeht, nur mit K1.
25m
0,5 km/h
± 0,2 km/h
Trebel
Peene
Tollense
Schwinge
Augraben
Mittelgraben
Neuer Burggraben
Kronengraben
Scheidegraben
Kuckucksgraben
Borguher Kanal
Annenhof
Toitz
Volksdorf
Nossendorf
Seedorf
Bruders-dorf
Wotenick
Wotenick Ausbau
Beestland
Barlin
Neubauhof
Zarnekow
Levin
Romershof
Warrenzin
Deven
Wolkow
Devener Hof
Devener Holz
Dronnewitz
Fritz-Reuter-Siedlung
Stuterhof
Erdmannshöhe
Meyenkrebs
Gustavshof
Wald-berg
Randow
Woldeforst
Kronwald
Rustow
Loitz Siedlung
Lindenhof
Zeitlow
Loitzer Berg
Wüstenfelde
Pensin
Kletzin
Quitzerow
Karlshof
Jägerhof
Kläranlage
Sophienhof
Treppenberg
Ückeritz
Heide-krug
Leppin
Eugenienberg
Siedenbrünzow
Sanzkow
Vorwerk
Zachariae
Vanselow
Radeberg
Dorotheenhof
Teusin
Utzedel
Roidin
Lindenfelde
Kienzer Mühle
Hohenfelde
Trittelwitz
Upost
Levin Werder
Klaranl.
Klär-anlage
Mühlenberg
44
49
42
57
TA6-43

Die Torfstiche sind wertvolle Rückzugsgebiete für die Tierwelt (z.B. Fischotter). Aufenthalt und Rasten dort bitte unbedingt vermeiden !
+/- <0,5 km/h je nach Wind
Wasserwanderrastplatz Alt Plestin
WC+Du, Grill
☎: 0174 - 701 51 80
KV Gützkow TA6-44-1
Peene
Swinow
Kuckucksgraben
Görmin
Göslow
Alt Negentin
Stresow
Strellin
Dargezin Vorwerk
Kölzin Abbau
Kammin
Dambeck
Passow
Trissow
Vierow
Trantow
Neu Jargenow
Alt Jargenow
Schmoldow
Dargezin
Bandelin
Kölzin
Spitzberg
Fritzow
Kuntzow
Gribow
Upatel
Sophienhof
Alt Plestin
Neu Plestin
Neuendorf
Wieck
Gützkow
Gloedenhof
Bentzin
Leussin
WSV
Peenemoor
Breechen
Owstin
Gützkow Meierei
Totenberg
Zarrenthin
Jarmen
Pentin
Lüssow
Ückeritz
Tutow
Zemmin
Kronsberg
Tutow Dorf
Wallberg
Müssentin
Kagenow
Groß Toitin
Klein Toitin
Priemen
Kruckow
Heidekrug
Leppin
Marienfelde
Kartlow
Unnode
Padderow
Liepen
Wilhelminenthal
Krienberg
Radeberg
Galgenberg
Völschow
Neetzow
Vanselow
Schmarsow
Heydenhof
Plötz
Kadow
Klein Below
Preetzen
43
45
© 2012: Jübermann-Verlag, Uelzen

Öffnungszeiten Eisenbahnbrücke Anklam
1.4.-31.10. 6:20 / 9:20 / 14:20 / 16:20 / 19:20 / (21:25) für jeweils 20 Min. 2,4 12
Anklamer RC TA6-45-3
Kanustation Anklam und Bootswerft TA6-45-2
Motorsportclub Anklam
Seesportclub Anklam
YC Peene Anklam TA6-45-4
ANKLAM
Wasserwanderrastplatz Anklam TA6-45-1
Caravan-Club Anklam
Angelverein Anklam
Bootsverein Menzlin
Personen-fähre
Wasserwanderrastplatz Stolpe
WC+Du
03 97 21-5 68 80
JGH Murchin
Peene
Peene-Südkanal
Unterer Lilienower Mühlenbach
Stegenbach
Pötterbeck
Flugplatz
Peendamm
Schanzenberg
Lentschow
Pinnow
Libnow
Zarrentin
Murchin
Krenzow
Rubkow
Relzow
Bömitz
Klitschendorf
Daugzin
Ramitzow
Ziethen
Groß Bünzow
Klein Bünzow
Bahnhof Klein Bünzow
Krakow
Konsages
Salchow
Jargelin
Menzlin
Groß Polzin
Klein Polzin
Neuhof
Groß Jasedow
Schlatkow
Quilow
Wolfradshof
Schmatzin
Vitense
Pätschow
Stolpe
Grüttow
Ranzin
Lüssow
Gloedenhof
Gribow
Owstin
Pentin
Liepen
Dersewitz
Preetzen
Wussentin
Brenkenhof
Neu Kerien
Krien
Medow
Postlow
Tramstow
Blesewitz
Butzow
Görke
Gellendin
Woserow
Bargischow
Gnevezin
Koppelberg
Lüskow
46
44
© 2012: Jübermann-Verlag, Uelzen

Hafen Lassan
100m
Menge-werft
Fischer
Fischereihfn. Rankwitz
TA6-46-3
gut!
Tel.Hafenm. 03 83 72-7 05 21
36
Waschow
Klein Jasedow
Lassan
Lassaner Bucht
Wasserwanderrastplatz Lassan
TA6-46-2
Vorwerk
105
Naturcampingplatz Lassan
TA6-46-1
Papendorf
LASSAN
Liepe
Quilitz
kl.Privathafen
Jungfernberg
115
Rankwitz
Krienker See
Dewichow
Fischereihafen Rankwitz
Krienke
Morgenitz
Moderort
Bömkenberg
Buggenhagen
Lentschow
110
Suckow
Jamitzow
Wangelkow
Großer See
Kieksberg
120
Peenestrom
Moderort Rinne
Weißer Berg
Neidbullen
Pinnow
Libnow
115
Klotzow
Petersberg
Rathsort
Zecheriner Brücke
Öffnungszeiten
01.04.2010 bis 31.10.:
05:45 / 09:40 / 11:45 /
16:45 / 20:45 Uhr
jeweils für 15 Minuten
Johannishof
Kettelort
USEDOM
125
Hafen Usedom
Paske
Vossberg
hier kein möglich!
Klosterberg
Peene
120
Gneven
Gellenthin
Usedomer See
95
130
Zecherin
Richtgraben
Wilhelmsfelde
Wilhelmshof
45
Kölpin
Westklüne
Ostklüne
Karnin
Haffschänke
Mönchow
Arftberg
Anklamer Fähre
124
Kamp
Wasserwanderrastplatz Kamp
TA6-46-4
Ritut
Gr. Bockkamp
40
Peenestrom Süd/H1
Feuer in Linie 283°
Gnevezin
28m
neue Kilometrierung für ufernahe Befahrung per Seekajak:
km 125 ab Stralsunder KC
bzw. km 134 ab Stralsund
am Usedomer Ufer entlang
= km 0,0 Haff-Nordufer
= km 0,0 Haff-Südufer
Koppelberg
Bargischow
Kleines Haff
Pers.+Rad-Fähre:
Mai-Sept. 11-17°°
Apr.+Okt. n. Vereinb.
Karnin
(ehem. Hubbrücke)
Hafen Kamp
Zollanleger
500m
Peenestrom
15m
LVA-Bootshafen Leopoldshagen
Mönkerhorst
Mühlgraben
Bugewitz
Busow
Grünberg
Leopoldshagen
TA6-40-7
Yachthafen Mönkebude
Wohnmobilparkplatz Mönkebude
40
Agneshof
Bugewitz I

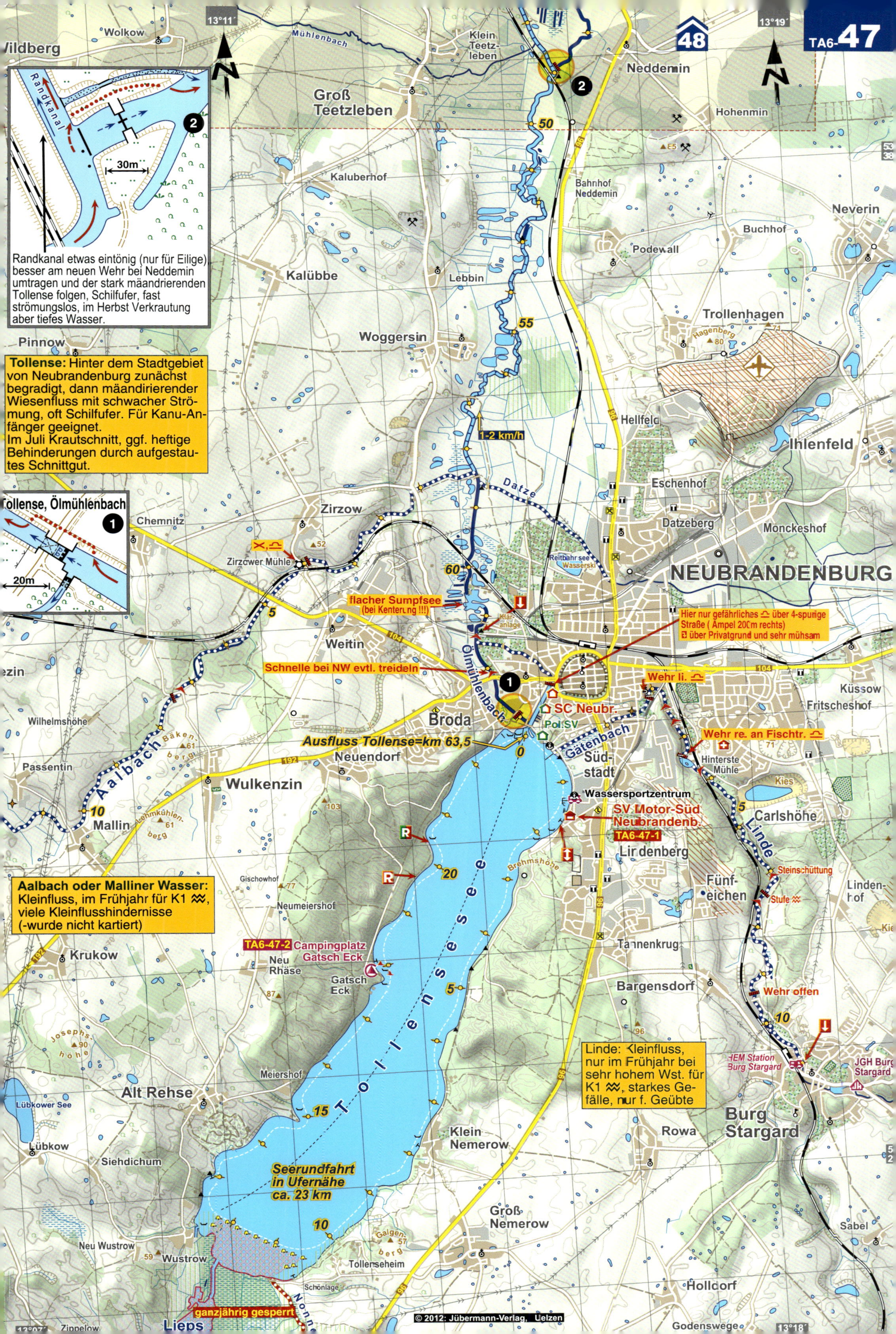
TA6-47
48
13°11´
13°19´
Wildberg
Wolkow
Mühlenbach
Klein Teetzleben
Neddemin
Hohenmin
Groß Teetzleben
Randkanal
30m
2
Randkanal etwas eintönig (nur für Eilige) besser am neuen Wehr bei Neddemin umtragen und der stark mäandrierenden Tollense folgen, Schilfufer, fast strömungslos, im Herbst Verkrautung aber tiefes Wasser.
Kaluberhof
Bahnhof Neddemin
Neverin
Buchhof
Podewall
Kalübbe
Lebbin
Trollenhagen
Hagenberg
Pinnow
Woggersin
50
55
Tollense: Hinter dem Stadtgebiet von Neubrandenburg zunächst begradigt, dann mäandirierender Wiesenfluss mit schwacher Strömung, oft Schilfufer. Für Kanu-Anfänger geeignet.
Im Juli Krautschnitt, ggf. heftige Behinderungen durch aufgestaute Schnittgut.
1-2 km/h
Hellfeld
Ihlenfeld
Datze
Eschenhof
Tollense, Ölmühlenbach
1
20m
Chemnitz
Zirzow
Datzeberg
Monckeshof
Zirzower Mühle
Reitbahn see Wasserski
NEUBRANDENBURG
60
flacher Sumpfsee (bei Kenterung !!!)
Hier nur gefährliches über 4-spurige Straße (Ampel 200m rechts)
über Privatgrund und sehr mühsam
5
Weitin
Schnelle bei NW evtl. treideln
Ölmühlenbach
Wehr li.
Küssow
Fritscheshof
Broda
SC Neubr.
Pol.SV
Wilhelmshöhe
Ausfluss Tollense=km 63,5
Gätenbach
Wehr re. an Fischtr.
Bakenberg
Neuendorf
0
Süd-stadt
Hinterste Mühle
Passentin
Aalbach
Wulkenzin
Kies
Wassersportzentrum
SV Motor-Süd Neubrandenb.
TA6-47-1
Carlshöhe
10
Mallin
Lehmkuhlenberg
Lindenberg
Linde
Steinschüttung
Brehmshöhe
Fünfeichen
Stufe
Lindenhof
Gischowhof
20
Aalbach oder Malliner Wasser: Kleinfluss, im Frühjahr für K1, viele Kleinflusshindernisse (-wurde nicht kartiert)
Neumeierstorf
TA6-47-2 Campingplatz Gatsch Eck
Tannenkrug
Krukow
Neu Rhäse
Gatsch Eck
Bargensdorf
Wehr offen
Josephshöhe
Tollensesee
Linde: Kleinfluss, nur im Frühjahr bei sehr hohem Wst. für K1, starkes Gefälle, nur f. Geübte
IEM Station Burg Stargard
JGH Burg Stargard
Meiershof
Alt Rehse
Lübkower See
15
Burg Stargard
Rowa
Lübkow
Klein Nemerow
Siehdichum
Seerundfahrt in Ufernähe ca. 23 km
Groß Nemerow
Sabel
Galgenberg
Neu Wustrow
Wustrow
Tollenseheim
Schönlage
Hollcorf
ganzjährig gesperrt
Lieps
Zippelow
Nonnenbach
Godenswege
13°18´
© 2012: Jübermann-Verlag, Uelzen

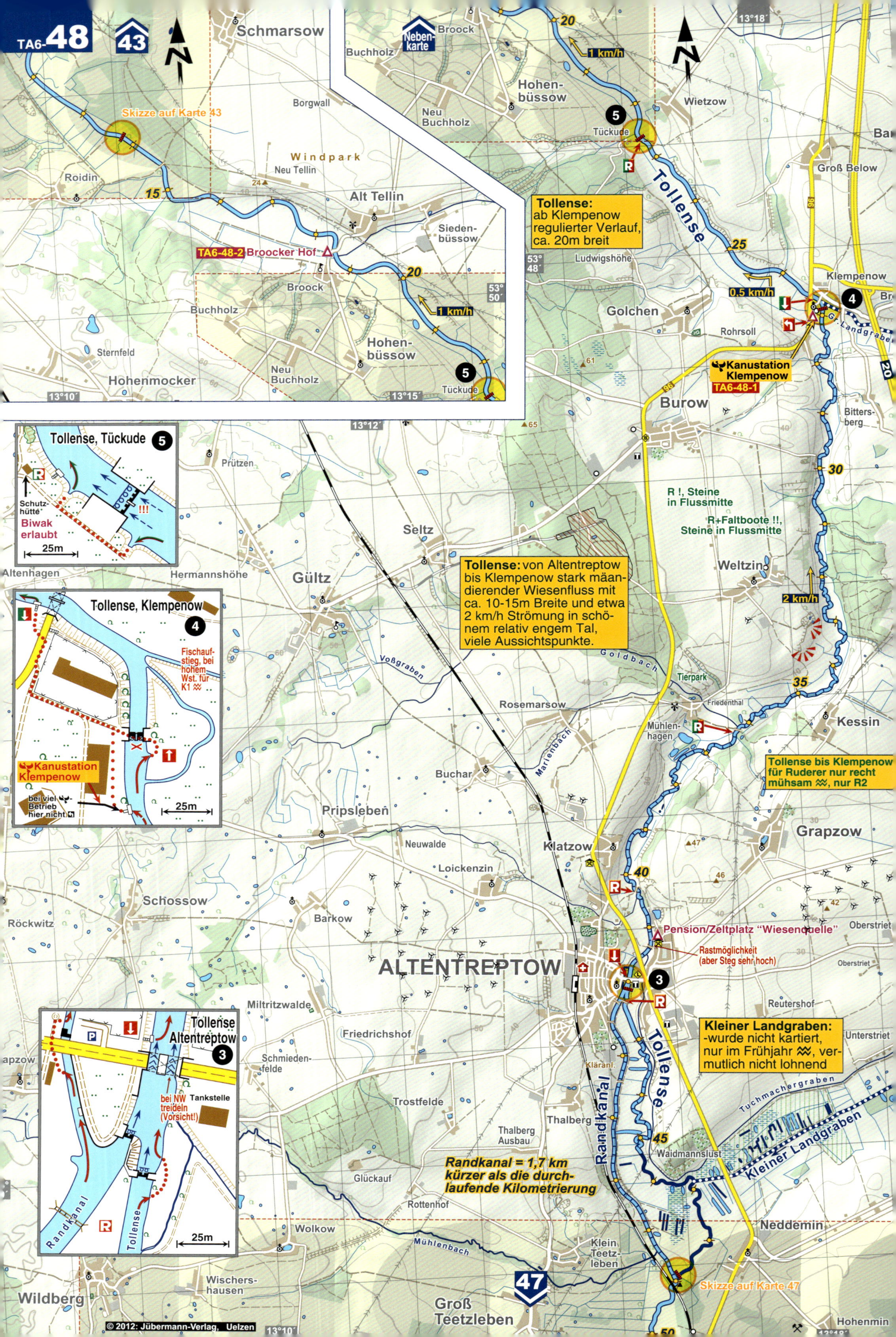

43
Schmarsow
Nebenkarte
Broock
Buchholz
Hohenbüssow
Neu Buchholz
Borgwall
Skizze auf Karte 43
Windpark
Neu Tellin
Roidin
15
Alt Tellin
Siedenbüssow
TA6-48-2 Broocker Hof
Brook
20
1 km/h
Buchholz
Sternfeld
Hohenmocker
Neu Buchholz
Hohenbüssow
5
Tückude
13°10'
13°15'
13°12'
13°18'
1 km/h
Wietzow
Groß Below
Tollense
Tollense:
ab Klempenow regulierter Verlauf, ca. 20m breit
25
Ludwigshöhe
0.5 km/h
Klempenow
4
Golchen
Rohrsoll
Landgraben
Kanustation Klempenow
TA6-48-1
Burow
Bittersberg
30
Tollense, Tückude
Schutzhütte
Biwak erlaubt
!!!
25m
Prützen
Seltz
R !, Steine in Flussmitte
R+Faltboote !!, Steine in Flussmitte
Altenhagen
Hermannshöhe
Gültz
Tollense: von Altentreptow bis Klempenow stark mäandierender Wiesenfluss mit ca. 10-15m Breite und etwa 2 km/h Strömung in schönem relativ engem Tal, viele Aussichtspunkte.
Weltzin
2 km/h
Tollense, Klempenow
Fischaufstieg, bei hohem Wst. für K1
Kanustation Klempenow
bei viel Betrieb hier nicht
25m
Voßgraben
Goldbach
Tierpark
35
Rosemarsow
Friedenthal
Mühlenhagen
Kessin
Marienbach
Tollense bis Klempenow für Ruderer nur recht mühsam, nur R2
Buchar
Pripsleben
Klatzow
Grapzow
Neuwalde
Loickenzin
40
Schossow
Röckwitz
Barkow
Pension/Zeltplatz "Wiesenquelle"
Oberstriet
Rastmöglichkeit (aber Steg sehr hoch)
ALTENTREPTOW
3
Miltritzwalde
Reutershof
Tollense Altentreptow
bei NW treideln (Vorsicht!)
Tankstelle
Friedrichshof
Schmiedenfelde
Kleiner Landgraben: -wurde nicht kartiert, nur im Frühjahr, vermutlich nicht lohnend
Unterstriet
Trostfelde
Tollense
Randkanal
Tuchmachergraben
Thalberg Ausbau
Thalberg
45
Waidmannslust
Kleiner Landgraben
Randkanal = 1,7 km kürzer als die durchlaufende Kilometrierung
Glückauf
Rottenhof
Randkanal
Tollense
25m
Neddemin
Wolkow
Mühlenbach
Klein Teetzleben
47
Skizze auf Karte 47
Wildberg
Wischershausen
Groß Teetzleben
Hohenmin
50

Trebel: ab Kirch Baggendorf bis in den Juni hinein ≈, (später Verkrautung) 5-7m breit, tiefes Wasser
Trebel ab Grimmen evtl. bei starkem HW ≈ (nicht erkundet)
falls geschlossen, re.oder li.
20m
Wasserwanderrastplatz
R WC
TRIBSEES
Trebel
Trebelkanal
Trebel: unterhalb Triebsees Rückverlegung ins ursprüngliche Flussbett, stark mäandirierend, 5-15m breit aber durch Schilf z.T. völlig dicht, große Orientierungsprobleme, sehr viel Zeit einplanen, für Anfänger ✕, im Sommer für alle ✕ !!
Vor Einfahrt in Alte Trebel hier Rast machen (auf den nächsten 11 km keine Rastmöglichkeit)
A20
Strömung zieht vollständig in die Alte Trebel (außer bei HW)
Alte Trebel
100m
Trebel + Trebelkanal nur für sehr kleine Motorboote ≈
0 km/h
<1 km/h
ganzjährig gesperrt
Trebel: unterhalb Bassendorf regulierter Verlauf aber natürliche Ufer, Wald und Wiesen wechseln
Die Wabel soll im Frühjahr ab Gnoien ≈ sein. (-nicht kartiert)
nicht kartiert, im Frühjahr ≈
Wasserwanderrastplatz Nehringen
TA6-49-1
Zugbrücke
Warbel
Roter Brückengraben
Burggraben
Neuer Burggraben
Rocknitzbach
Krakow
Thomashof
Rekentin
Gremersdorf
Vorland
Siemersdorf
Zarrentin
Kirch Baggendorf
Langsdorf
Techlin
Stremlow
Voigtsdorf
Carlsthal
Fäsekow
Deyelsdorf
Grammerdorf
Zarnekow
Glewitz
Tangrim
Bassendorf
Keffenbrink
Dorow
Langenfelde
Neu Quitzenow
Alt Quitzenow
Nehringen
Kamper
Rodde
Wasdow
Neu Wasdow
Warbelow
Friedrichshof
Annenhof
Volksdorf
Gnoien
Bobbin
Klein Methling
Groß Methling
Eschenhörn
Stubbendorf
Brudersdorf
Schlutow
Finkenthal
Darbein
Neu Darbein
Fürstenhof
Beestland
59
42
43
© 2012 : Jübermann-Verlag, Uelzen

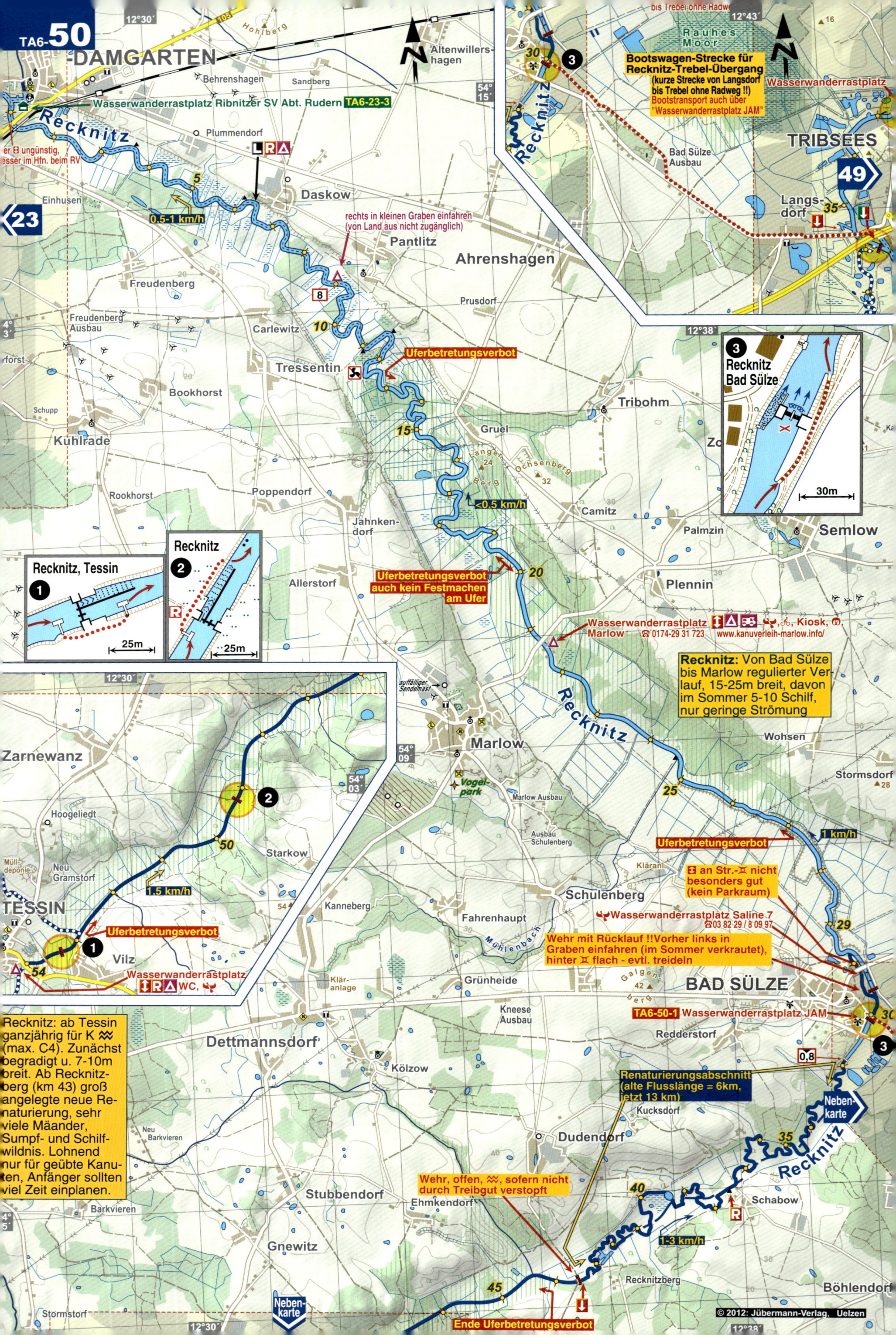

TA6-50
DAMGARTEN
Behrenshagen
Sandberg
Hohlberg
Altenwillershagen
Wasserwanderrastplatz Ribnitzer SV Abt. Rudern TA6-23-3
Recknitz
Plummendorf
Daskow
0,5-1 km/h
Einhusen
23
rechts in kleinen Graben einfahren (von Land aus nicht zugänglich)
Pantlitz
Ahrenshagen
Freudenberg
Prusdorf
Freudenberg Ausbau
Carlewitz
Tressentin
Uferbetretungsverbot
Bookhorst
Kuhlrade
Gruel
Tribohm
Langer Berg
Ochsenberg
<0,5 km/h
Rookhorst
Poppendorf
Jahnkendorf
Camitz
Palmzin
Semlow
Allerstorf
Uferbetretungsverbot auch kein Festmachen am Ufer
Plennin
Wasserwanderrastplatz Marlow ☎ 0174-29 31 723 Kiosk www.kanuverleih-marlow.info/
Recknitz: Von Bad Sülze bis Marlow regulierter Verlauf, 15-25m breit, davon im Sommer 5-10 Schilf, nur geringe Strömung
Recknitz, Tessin
Recknitz
25m
Bootswagen-Strecke für Recknitz-Trebel-Übergang (kurze Strecke von Langsdorf bis Trebel ohne Radweg !!) Bootstransport auch über "Wasserwanderrastplatz JAM"
Rauhes Moor
Wasserwanderrastplatz
TRIBSEES
49
Bad Sülze Ausbau
Langsdorf
Recknitz Bad Sülze
30m
Zarnewanz
Hoogeliedt
Neu Gramstorf
TESSIN
Vilz
Starkow
1,5 km/h
Uferbetretungsverbot
Wasserwanderrastplatz WC
auffälliger Sendemast
Marlow
Vogelpark
Marlow Ausbau
Wohsen
Stormsdorf
1 km/h
Ausbau Schulenberg
Uferbetretungsverbot
an Str.-⌶ nicht besonders gut (kein Parkraum)
Kanneberg
Schulenberg
Fahrenhaupt
Mühlenbach
Wasserwanderrastplatz Saline 7 ☎ 03 82 29 / 8 09 97
Wehr mit Rücklauf !!Vorher links in Graben einfahren (im Sommer verkrautet), hinter ⌶ flach - evtl. treideln
Grünheide
Kläranlage
Galgenberg
BAD SÜLZE
TA6-50-1 Wasserwanderrastplatz JAM
Dettmannsdorf
Kneese Ausbau
Redderstorf
Recknitz: ab Tessin ganzjährig für K (max. C4). Zunächst begradigt u. 7-10m breit. Ab Recknitzberg (km 43) groß angelegte neue Renaturierung, sehr viele Mäander, Sumpf- und Schilfwildnis. Lohnend nur für geübte Kanuten, Anfänger sollten viel Zeit einplanen.
Kölzow
Renaturierungsabschnitt (alte Flusslänge = 6km, jetzt 13 km)
Nebenkarte
Kucksdorf
Neu Barkvieren
Dudendorf
Stubbendorf
Wehr, offen, sofern nicht durch Treibgut verstopft
Ehmkendorf
Schabow
Barkvieren
1-3 km/h
Gnewitz
Recknitzberg
Böhlendorf
Stormstorf
Nebenkarte
Ende Uferbetretungsverbot

TA6-51
Sternberg
Campingplatz Sternberg
TA6-51-2
Weitendorf
Kanucamp Weitendorf
TA6-51-1
3 Weitendorf
Wasserwanderrastplatz nach 100m
Brückendurchfahrt vorher anschauen, Kentergefahr für Ungeübte, bei NW für Faltboote kritsch!
30m
50m
Warnow oberhalb Barniner See nur im Frühjahr f. K1 ab Bülow, vollständig begradigt, kaum lohnend, im Sommer völlig verkrautet, im Herbst zeitw. viele Krautsperren
1 Kobande
25m
2 Kladow
25m
Wehr evtl. (Spritzdecke) bei HW !!! Fischtreppe nur bei HW
Wehr (Rücklauf !!) re. leicht
Parken gegen Gebühr
www.meingutshaus.de
2 km/h
9m
2 km/h
Sohlgleite bei NW evtl. treideln
Biwakplatz (keine Versorgung)
4-6 km/h !!
Wehr, evtl. bzw. li. (leicht)
Baumhindernisse, Stromschnellen / Steine / Findlinge, für Anfänger ungeeignet !!
Befahrungsverbot bei NW, Sperrschilder beachten weitere Infos, Tel.Nr. usw im TA6- Aktualisierungsblatt
einzelne Baumhindernisse
Völlig zugewilderter Bach bei nur 2m Breite, !! unbefahrbar !!
Wasserwanderrastplatz
www.gutshof-vorbeck.de
Sohlgleite
Wiesenwehr leicht
Wehr besteht jetzt aus 5 Ministufen bei gutem Wst., bei NW evtl. li.treideln
Befahrungsverbot bei NW, Sperrschilder beachten weitere Infos, Tel.Nr. usw im TA6- Aktualisierungsblatt
Waldwildnis Mindestpegel!
Baumhindernisse
Sohlgleite bei NW evtl. treideln
Sohlgleite
2-3 km/h
3 km/h
4 km/h
2 km/h
Warnow
Alte Warnow
Seeausfluss schwer zu finden (völlig verschilft)
Wasserwanderrastplatz
Sohlgleiten, nur bei HW
Sohlgleite
Barniner See
Pinnower See
Cambser See
Mickow-see
Luckower See
Schweriner See
Campingpl.
TA6-59-1
TA6-56-11
Retgendorf
Rautenhof
Tessin
Tannenberg
Spiegelberg
Kuhlen
Homberg
Ahrensbök
Brahlstorf
Cambs
AS Schwerin-Nord
Zittow
Leezen
Langen Brütz
Landhaus Bondzio
Karnin
Kleefeld
Zaschendorf
Holzendorf
Nutteln
Golchen
Gustävel
Neu Necheln
Alt-Necheln
Kronskamp
Kaartz
Schönlage
Mühlsmow
Gowe
Jülchendorf
Wendorf
Kahler Berg
Uhlberg
Kritzow
Golfplatz
Weberin
Vorbeck
Glambecksee
Gneven
Basthorst
Kölpin
Venzkow
Demen
Stieten
Dannhusener See
Kobrow
Kobrow 2
Hofsee
Schönfelder See
Wahrsberg
Augustenhof
Neu Godern
Godern
Mühlensee
Görslow Ausbau
Kirchsee
Binnensee
Petersberg
Muchelwitz
Kladow
Gädebehn
Rönkenhof
Warnowhof
Rönkendorfer Mühle
Kobande
Barnin
Poggenhof
Buerbeck
Prestin
Bülow
Raben Steinfeld
35
40
45
50
55
60
65
70
75
80
52
55
56
56
59
© 2012: Jübermann-Verlag, Uelzen

BÜTZOW
Steinhagen
Katelbogen
Gr. Rühner See
Rühn
Pustohl
Hof Rühn
Wasserwanderrastplatz im linken Altarm
53
Gr. Peetscher See
Peetsch
Baumgarten
Wendorf
Schependorf
Qualitz
Kiesenberg
Glambeck
Pennewitt
Neuklostersee
Nakensdorf
Neumühle
Klein Warin
Teppnitzbach
freiwilliger Befahrungsverzicht
(in der Regel sowieso zu wenig Wasser)
Großer Wariner See
WARIN
Mankmoos
Allwardtshof
Wilhelmshof
Wehr, re. 40m
Bundesstraße, Zaun muß überhoben werden (evtl. ist weiter re. ein Tor unverschlossen)
Glammsee
Waldheim
Graupenmühle
Böckenberg
0,5 km/h
Tönisbach
Kl.Labenz
Groß-labenzer See
Groß Labenz
Warnow
nur geringe Parkmöglichk.
Laase
Zernin
Dreetz
Toitenwinkel
gleich unterhalb des Wehres Stromschnelle +Bäume, Kentergefahr; danach ruhig und auch für Ruderer
Eickhof
Wasserwanderrastplatz Eickhof
+ Heuhotel
TA6-52-2
Eickelberg
Tempelberg
Blankenberg
Weiße Krug
Friedrichswalde
Wehr, re.30m
(im Sommer oft kein Wasserablass, dann erst ab Brüel)
Neuhofer See
Tempziner See
Tempzin
Zahrensdorf
Mühlenbach
Brüeler Bach
Wipersdorf
Penzin
Radebach
Brüel
Brüeler Bach
50m
Sohlgleite li. (leicht)
Sohlgleite, bei hohem Wst.
Sohlgleite, für Geübte bei hohem Wst., sonst treideln
BRÜEL
Wehr
Fisch-Borstengasse in Bau, evtl. ??
Thurow
Sülten
Sagsdorf
51
TA6-51-1 Kanucamp W.
Warnow
Kl.Raden
Schlockow
Diedrichshof
Befahrungsverbot bei NW, Sperrschilder beachten !!!!!! weitere Infos, Tel.Nr. usw im TA6- Aktualisierungsblatt
Buchenhof
Baumhindernisse
kräftige Schnelle, Felsen, Brückenpfeiler !! Problemstelle für Anfänger bei NW treideln
Rosenow
Groß Görnow
PKWs hier nicht dauerparken
Sternberger Burg
"Kanu-Camp"
TA6-52-1
Landgasthof Sternberger Burg
Mildenitz
Gr.Raden
Freilichtmuseum
Binnensee
Wehr li.
links fahren
Wasserwanderrastplatz
Luckower See
Großer Sternberger See
Loiz
Trenntsee
Witzin
Lübzin
Boitin
Buchow
55
Eickhof
Wasserwanderrastplatz
WC
Lattenpegel

Bützow-Güstrow-Kanal
Nebel
Warnow
BÜTZOW
GÜSTROW
Bützower See
TA6-53-1 Bützower KC
TA6-53-2 Kanu-Camping Warnow
Stromschnelle,
Sohlrampe, evtl. überheben (oder zum Bützower See durch die Stadt fahren)
Wasserwanderrastplatz im linken Altarm
Nebel hier nur im Frühjahr für R, später zu stark zugewachsen
Nebel nur im Frühjahr, später völlig zugewachsen
kleine Stufe bei NW überheben
<0,5 km/h
1-2 km/h
2-3 km/h
Caravanplatz am Tierpark
Natur-u. Umweltpark
Jugendherbge. Güstrow-Schabernack
ganzjährig gesperrt
Wohnmobil-park Mistorf
Parumer See
Sumpfsee
Inselsee
Gr. Rühner See
Gr. Peetscher See
Mistorf
Bhf. Mistorf
Kassow
Neu Kassow
Oettelin
Goldewin
Goldewin Ausbau
Augustenruh
Gr. Schwiesow
Klein Schwiesow
Lüssow
Karow
Strenz
Zepelin
Gülzow
Parum
Wilhelminenhof
Langensee
Boldebuck
Tarnow
Dreetz
Peetsch
Zibühl
Pustohl
Rühn
Dreibergen
Neuendorf
Parkow
Langen Trechow
Friedrichshof
Kambs
Werle
Siemitz
Bredentin
Suckow
Distelberg
Dettmannsdf.
Neustrenz
Bülower Burg
Bauhof
Südstadt
Schabernack
Kluess
Zehlendorf
54
52
5 Bützow
zum Bützow-See
25m
4 Bützow-Güstrow-Kanal
Schleuse außer Betrieb
50m
3 Bützow-Güstrow-Kanal
50m
2 Abzweig Alte Nebel
Düker !!
Stromschnelle: bei NW (evtl. treideln)
steiles Ufer
hier nur ab MW
Achtung, Gebüsch
Kanal
50m
1 Nebel, Güstrow
25m

-Parkentin
Allershagen
Groß Schwaß
12°03´
Gartenstadt
ROSTOCK
Zoo
Stadio
22
Rostocker KC
TA6-22-2
12°10´
Skizze siehe Karte 22
Südstadt
Stadtweide
Klein Schwaß
Neuhof
Deponie
Wilsen
Siedl. Satower Str.
Biestow
Kassebohm
ORC Rostock
TA6-54-2
Kessin
Gragetopshof
35
Sildemow
Hastorf
Konow
Waldbach
Kritzmow
Warnow
<0,5km/h
Sand-krug
Hohen Schwarts
Groß Belitz
Beke
bei gutem Wst für K1 für K2
Neu-kirchen
Kleine Beke
Klein Belitz
Reinstorf
20
Klein Stove
Groß Stove
Papendorf
Niendorf
Zufahrt unter der BAB-⌶, (wenn Schranke geschlossen, 300m mit Bootswagen)
30
Niex
Buchholz Heide
AS 15 Rostock Südstadt
AS 14 Rostock-West
Kavelsto
Fahrenholz
Klein Bölkow
Pölchow
Damm
AS 13 Bad Doberan
Buchholz
Bölkow
Waidbach
Nienhusen
Wahrstorf
Zarnow
Reez
Brookhusen Ausbau
Ziesendorf
25
Huckstorf
Matersen
Brookhusen
Klingendorf
Groß Viegeln
Klein Viegeln
Hohen Luckow
10
Benitz
Sohlgleite, nur bei hohem Wst. für Geübte oder links treideln
Klein Grenz
Bröbberow
etliche Baumhindernisse
Zeez
2-3km/h
15
Groß Grenz
Beke
20
>85
>5-10m<
2km/h
5
Groß Belitz
Boldenstorf
Neu Wiendorf
Wiendorf
Dorf Tatschow
Letschow
1km/h
Neben-karte
Niendorf
SCHWAAN
Klein Belitz
Bandow
Beke: oberhalb Bröbberow reiner Wiesenfluss, unterhalb z.T. mit Auwald u. alten Pappeln, die nach und nach marode werden und sich "zur letzten Ruhe" ins Wasser legen. Gesamter Fluss nur im Frühjahr, ab Bröbberow nur für Geübte, im Sommer (völlig zugewachsen)
15
Sandgarten-Camp TA6-54-1
Hof Tatschow
Göldenitz
<1km/h
Vorbeck
Vorbeck
Heide
Warnow
Selow
Passin
Rukieten
10
Kambs
Friedrichshof
12°00´
Werle
53
Neu Mistorf

TA6-55
Großer Sternberger See
Trenntsee
Luckower See
Campingplatz Sternberg
TA6-51-2
STERNBERG
Wasserwanderrastplatz
Mildenitzkan.
Zülow
alte Mildenitz selbst bei HW ✕
Mustin
Düker, hohe Böschungen, 300m ⏏ auf Feldweg. Auf keinen Fall in den Dükereinlauf einfahren-endet absolut tödlich !!!
Mildenitz Wasserkraftwerk Zülow
(Höhendifferenz: 22m)
eigenen Bootswagen zum ⏏ mitbringen
100m
Rothener See
im Sommer oft flache Stellen!
Mindestpegel
z.T. >4 km/h !
kl.Wehr, re. ⏏ (je nach Stauhöhe evtl. ≈)
Borkow
Mildenitz
Nur bei HW ≈ Mindestpegel !
<0,5 km/h
Bresenitz
0,5-2km/h
Ausfluss sehr versteckt im Schilf
Mildenitz-Durchbruch
Wald- und Sumpfwildnis immer ≈, kaum Hindernisse ruhig verhalten, Strömung <0,5 km/h
Waldwildnis, extrem viele Baumhindernisse, ✕ (wirklich!) ⏏ mit Bootswagen gut möglich (2,5 km)
Mildenitz, Borkow
25m
Sehr schmales Fließ, im Sommer zugewachsen und zu wenig Wasser. Nur f. Kleingruppen bei HW eine Stufe evtl. ≈
Mindestpegel !
TA6-55-3 Campingplatz am Garder See
Garder See
Garder Mühle
Wasser sehr sauber
Woseriner See
Holzsee
Lohmen
Die Mildenitz ist oberhalb Dobbertiner See nur im Frühjahr ≈, später zugewachsen, weitere Strecke bis Schwarzer See nur für Unentwegte "Turner" bei hohem Wst. bzw. Wasserzuschuss der Dobbertiner Mühle u. nur f. robuste, leichte K1 ≈.
Die Strecke Borkow bis Rothener See erfordert guten Wst, der im Sommer oft nicht vorhanden ist.
Kleinpritzer See
Schwarzer See
Zelt-u.Dauercamp. Klein Pritz
TA6-55-4
TA6-55-5 Camping-u.Friesenhof
Mildenitz Dobbertiner Mühle
Kanustation Dobbertin
Dobbertin
kleine Stufen, nur bei gutem Wst. ≈
Campingpl.Dobbertin
TA6-55-2
Dobbertiner See
Camping am Goldberger See
TA6-55-1
GOLDBERG
Goldberger See
Mildenitz, Goldberg
Fischtreppe nur bei sehr hohem Wst. ≈
ca. 200m oberhalb Gabelung
5-7m
Mildenitz
Woostener See
© 2012: Jübermann-Verlag, Uelzen

Kleiner Dambecker See
Glashagen
Niendorf
Hoppenrade
SV Hohen Viecheln
Hohen Viecheln
Wallensteingraben
nur für K1 im Frühjahr, mühsam
Wehr unter EB-, unmöglich
über hohen Eisenbahndamm absolut lebensgefährlich!
westlich ca. 1,2 km
ganzj. gesperrt
Dambeck
Großer Dambecker See
Wendisch Rambow
Bad Kleinen
Döpe
ganzj. gesperrt
Jammersdorf
Drispeth
TA6-56-13 Marina Ziegenwiese
Wasserwanderrastplatz
Neu Metelen
Gallentin
Flessenow
Alt Schlagsdorf
Zickhusen
Jugendherberge Flessenow (Tel. 038 66- 82 400)
Seecamping Flessenow TA6-56-12
Alt Metelen
Roteflöte
Lieps
Neu Schlagsdorf
Wiligrad
Neu Lübstorf
Tiefenlinien: Stand 1999 (unter 10m nicht enthalten) WSA Lauenburg
Hof Metelen
Rugensee
Campingpl. Retgendorf TA6-56-11
Retgendorf
Rautenhof
Aubach
Rugensee
Lübstorf
Schweriner Außensee
Rundfahrt in Ufernähe ca. 34 km
Klein Tebbow
Groß Trebbow
Ahrensbök
Hundorf
Brahlstorf
Marina Hundorf
TA6-56-10 Ferienpark Seehof
Gr. Trebbow Ausbau
Cambs
Kirch-stücker See
Seehof
Moorhof
AS Schwerin-Nord
Cambser See
Pingelshagen
Moorbrink
Barner Stück
Kirch Stück
Rampe
Wickendorf
Hansholz
Paulsdamm
Panstorf
Zittow
Carlshöhe
Frankenhorst
Klein Medewege
Warnitz
Margarethenhof
Ziegelhof
Medeweger See
gesperrt, Trinkw.
Ziegel-außen-see TA6-56-9
Medewege
Sachsenberg
Marina Nord Schwerin
Leezen
Lankow
Gosewinkel
Heidensee
keine Landemöglichkeit bis Paulsdamm
Rundfahrt in Ufernähe ca. 27 km
TA6-56-8 Drachenbootv.S.
Ziegelinnensee
Neumühler See
Lankower See
Neumühle
TA6-56-7 K.-u.Kleinsegelv.S.
Görslow
Sacktannen
SCHWERIN
Pfaffenteich
TA6-56-14 SV Post Schwerin
TA6-56-5 SV Mecklenb.Staatstheater
TA6-56-6 SV Marine Schwerin
Schweriner Segelv.
SMYC
Schloss
Burgsee
Schweriner Innensee
Kaninchenwerder
Görslow Ausbau
gesperrt, Trinkwasser
Wittenförden
TA6-56-3 Schweriner RG
TA6-56-4 Segelclub Schlossbucht
Schweriner TA6-56-2 YC
Sperrbojen beachten
Ziegelwerder
Godern
Ostorfer See
KRG Schwerin TA6-56-1
Fauler See
Zoo
Kirchsee
Klein Rogahn
Görries
Gr. Dreesch
Pinnower See
Jugendherberge Schwerin Tel. 03 85- 32 600 06
Zippendorf
Freilichtmuseum
Mueß
Raben Steinfeld
Pinnow
Campingpl. Raben Steinfeld TA6-59-1
Krebsförden
Neu Zippendorf
Groß Rogahn
51
59
© 2012: Jübermann-Verlag, Uelzen

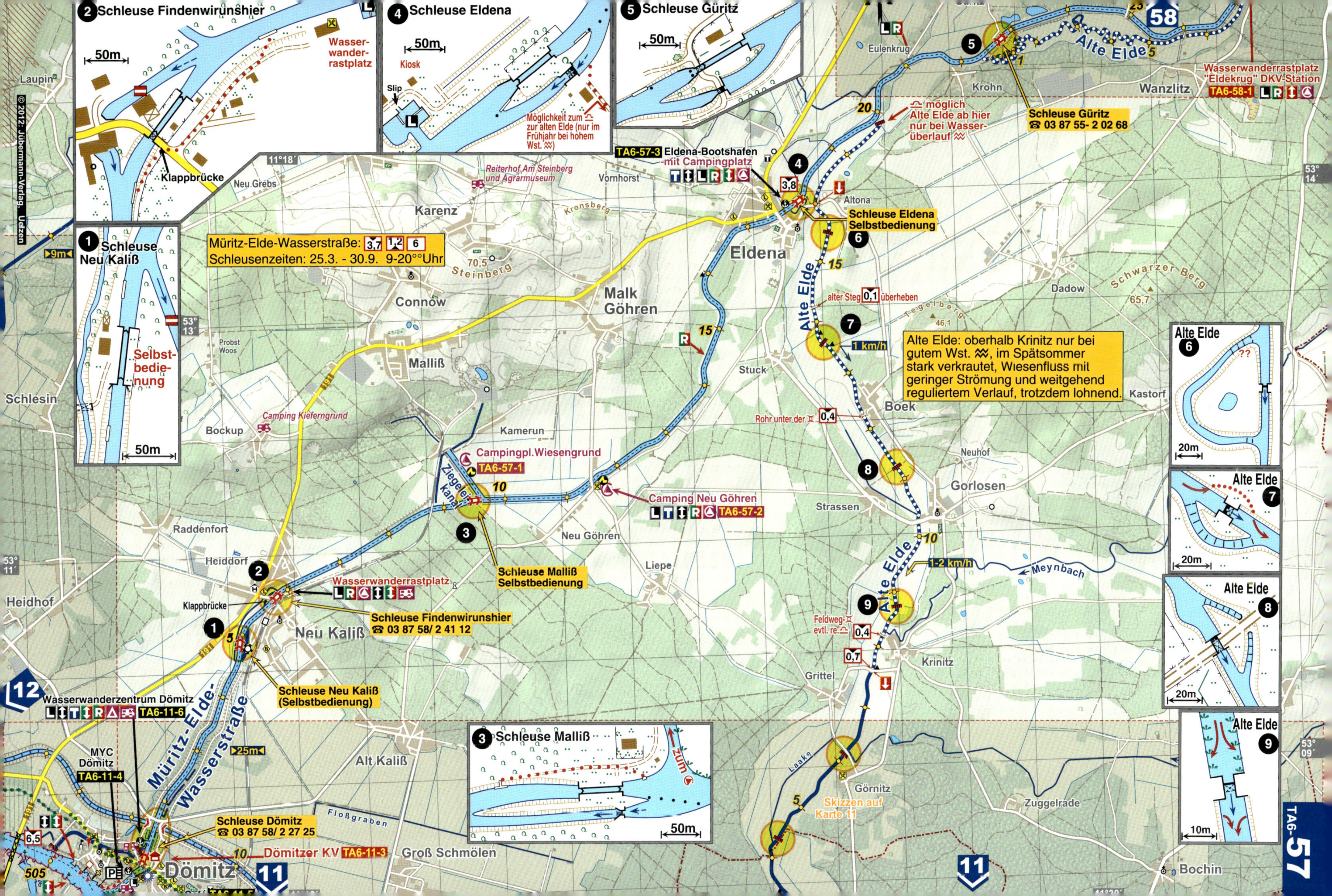

TA6-57
58
11
12
Müritz-Elde-Wasserstraße: 3,7 1,2 6
Schleusenzeiten: 25.3. - 30.9. 9-20°° Uhr
Alte Elde: oberhalb Krinitz nur bei gutem Wst., im Spätsommer stark verkrautet, Wiesenfluss mit geringer Strömung und weitgehend reguliertem Verlauf, trotzdem lohnend.
2 Schleuse Findenwirunshier
Wasser-wander-rastplatz
Klappbrücke
4 Schleuse Eldena
Kiosk
Slip
Möglichkeit zum zur alten Elde (nur im Frühjahr bei hohem Wst.)
5 Schleuse Güritz
1 Schleuse Neu Kaliß
Selbst-bedie-nung
3 Schleuse Malliß
zum
Alte Elde 6
Alte Elde 7
Alte Elde 8
Alte Elde 9
50m
20m
10m
Schleuse Güritz
☎ 03 87 55- 2 02 68
Wasserwanderrastplatz "Eldekrug" DKV-Station
TA6-58-1
möglich Alte Elde ab hier nur bei Wasser-überlauf
TA6-57-3 Eldena-Bootshafen mit Campingplatz
Schleuse Eldena Selbstbedienung
alter Steg 0,1 überheben
1 km/h
Rohr unter der 0,4
Campingpl. Wiesengrund
TA6-57-1
Camping Neu Göhren
TA6-57-2
Schleuse Malliß Selbstbedienung
Wasserwanderrastplatz
Schleuse Findenwirunshier
☎ 03 87 58/ 2 41 12
Schleuse Neu Kaliß (Selbstbedienung)
Wasserwanderzentrum Dömitz
TA6-11-6
MYC Dömitz
TA6-11-4
Schleuse Dömitz
☎ 03 87 58/ 2 27 25
Dömitzer KV TA6-11-3
Müritz-Elde-Wasserstraße
Alte Elde
1-2 km/h
Feldweg evtl. re. 0,4
0,7
Skizzen auf Karte 11
Ziegelei-kanal
Reiterhof Am Steinberg und Agrarmuseum
Camping Kieferngrund
Laupin
Neu Grebs
Karenz
Vornhorst
Eulenkrug
Krohn
Wanzlitz
Altona
Eldena
Dadow
Schwarzer Berg
65,7
Tegelberg
46,1
Kastorf
Steinberg
70,5
Kronsberg
Connow
Malk Göhren
Malliß
Stuck
Boek
Neuhof
Gorlosen
Strassen
Kamerun
Schlesin
Bockup
Probst Woos
Raddenfort
Heiddorf
Heidhof
Neu Göhren
Liepe
Meynbach
Neu Kaliß
Grittel
Krinitz
Alt Kaliß
Floßgraben
Groß Schmölen
Görnitz
Laake
Zuggelrade
Bochin
Dömitz
11°18´
53° 14´
53° 13´
53° 11´
53° 09´
9m
25m

3 Schleuse Neustadt-Glewe
50m
K: hier ⏏ möglich, aber ca. 0,6m hohe Betonkante
K: ⏏ an der Schleuse nicht möglich
Sani+
Stadt-info
Burg
Wasser-wander-rastplatz
Eldewehr nach 100m nur bei NW ⏏ li. direkt vorm Einlauf möglich für K1, bei hohem Wst. Sog !!! !!!
Fahrbinde
Lüblow
Neu Lübow
0,4
59
60
Alte Elde
Banzkower Kanal
AD 13 Schwerin
Schleuse Lewitz (Selbstbedienung)
4
0,3
Schrump-graben
Schleuse Lewitz
Neuer K. hier nur ≈, wenn Wasser ab-gelassen wird
Tuckhude
Hohe-wisch
Elde
Eldekanal
Krim
Riet Ut
Brenzer K.
0,5
Lewitzhof
Krons-kamp
Neuer Kanal
Ludwigsluster Kanal
Neustädter See
33,2m ü.NN
Neuhof
0,3
Brer
Wasserwanderrastplatz
TA6-58-3 Neustadt-G.
Schleuse Neustadt-G. (Selbstbedienung)
NEUSTADT-GLEWE
AS 14 Neustadt-Glewe
Neu Brenz
Landhaus Böttcher
Müritz-Elde-Wasserstraße: 3,7 1,2 6
Schleusenzeiten: 25.3. - 30.9. 9-20°° Uhr
Brenzer Kanal
Blievenstorf
Klein Laasch
Alte Elde
nur für K ≈ im Sommer völlig verkrautet, kanalisiert, nicht lohnend !
Müritz-Elde-Wasserstraße
Weselsdorf
Groß Laasch
Bek
Wabel
Motodrom
LUDWIGSLUST
2 Schleuse Hechtsforth
50m
Heidehof
Winkelmoor
Hechtsforthschleuse
Wasserwanderrastplatz
Kolbow
Techentin
Ziegelscheune
Griemoor
Karstädt
Hubbrücke
Öffnung: 9-19:30Uhr alle 90 Min.
geschlossen: 3,17 offen: 4,27
Schleuse Grabow (Selbstbedienung)
GRABOW
Kaltehof
Parkplatz am Hafen
Prislich
1 Schleuse Grabow
Neu Karstädt
TA6-58-1 Wasserwanderrastplatz "Eldekrug"
Stadthafen Grabow TA6-58-2
Neu Fresenbrügge
Fresenbrügge
Schleuse Güritz
☎ 03 87 55- 2 02 68
Güritz
Skizze: Kte. 57
Eulenkrug
Alte Elde
Krohn
Wanzlitz
57
Kremmin
50m

TA6-59
56
51
60
58
3 km/h
4 km/h
Pinnower See
Kirchsee
Binnensee
Petersberg
Muchelwitz
Zippendorf
Mueß
Raben Steinfeld
Pinnow
Freilichtmuseum
Campingpl. Süduferperle Raben-Steinfeld TA6-59-1
AS Schwerin-Süd
Schweriner Chaussee
Waldschlösschen
Seehof
Warn
Muhle
Crivitzer See
CRIVITZ
Queckenkrug
Militzhof
Schleuse Banzkow
1,2 Klappbrücke
50m
zum Wehr ✕ (möglich, aber danach 3 flache Stege - ✕ -also kaum lohnend)
Zietlitz
Consrade
Peckatel
Sukow
Kies R
"Störkrug"
Plate
1,7 4,2 Hubbrücke
Öffnung: 10-19°° alle 90 Min. anmelden: ☎ 03871-451 759
Am Kamp
Settin
Neu Settin
Göhren
Lehmberg
66,5
Settiner See
Krügerberg
52,8
Banzkow
Klappbrücke 2,0 bB
Schleuse Banzkow ☎ 0 38 61 / 72 32
Tramm
Bahlenhüschen
Krähenberge
74
Hasenhäge
Kanurastplatz Fa.Lewitz
(kein Sanitär!)
Bäkgraben
Störkanal
Mirow
Sielgraben
Banzkower Kanal
0,3
evtl. offen u.
Lewitz
Hüttergraben
Müritz-Elde-Wasserstraße: 3,7 1,2 6
Schleusenzeiten: 25.3. - 30.9. 9-20°°Uhr
Lübesse
Ortkrug
Jamel
Klinkener Kanal
Rusch
Uelitz
Rohr
0,1
"Elde-Dreieck"
Störwasserstraße
Breiter Graben
Goldenstädt
Friedrichsmoor
Drellengraben
Müritz-Elde-Wasserstraße
Achterfeld
Rastow
Kulow
Turmgraben
Alte Elde
Fahrbinde
0,4
AS 12 Ludwigslust
AD 13 Schwerin
Eldekanal
Schleuse Lewitz (Selbstbedienung)
0,3
0,5
Schrumpgraben
Lüblow
Dreenkrögen
11°32'
11°38'
11°37'

2 PARCHIM-Zentrum
Maßstab 1:11 000
Parkplatz Zentrum-Nord
Parkplatz Zentrum-Süd (auch Wohnmobile)
Wasser-wander-rastplatz
TA6-60-2
Schleuse Parchim
Bahnhof
Bahnhofstr.
Ludwigsluster Str.
Ziegendorfer Chaussee
Lange Straße
Mühlenstr.
Fischerdamm
Mauerstraße
Lindenstraße
Wallallee
Ostring
Buchholz-allee
Alter Friedhof
Schweriner Ch.
Wiesenring
Burgdamm
Stadt-halle
Raths.
1 Schleuse Garwitz
Hotel
Freibad
50m
Schleuse Garwitz (Selbstbedienung)
Schleuse Parchim (Selbstbedienung)
Schleuse Neuburg (Selbstbedienung)
Skizze siehe Karte 61
Müritz-Elde-Wasserstraße: 3,7 1,2 6
Schleusenzeiten: 25.3. - 30.9. 9-20°°Uhr
Müritz-Elde-Wasserstraße
Alte Elde
Lewitzcamp Garwitz
TA6-60-1
Wasserwanderrastplatz Matzlow-Garwitz
Wasserwanderrastplatz Möderitz
Wasserwanderrastplatz Parchim
(DKV-Kanustation)
Ufercamp Eldeblick
TA6-60-4
TA6-60-3 Anleger Fährhaus
etwas beschwerlich aber Alte Elde gut
Flughafen Schwerin-Parchim
Pingelhof - Agrarhistorisches Museum
Parchim
Wockersee
Weststadt
Neu Klockow
Kiekindemark
Spornitz
Spornitzer Gasthof
Dütschow
Damm
Neu Matzlow
Matzlow-
Garwitz
Raduhn
Klinken
Klinker Mühle
Klinkener Kanal
Rusch
Tramm
Grebbin
Severin
Domsühl
Domsühl Ausbau
Zieslübbe
Alt Damerow
Möderitz
Malchow
Bergrade Dorf
Slate
Parsch
Neuburg
Siggelkow
Lancken
"Elde-Dreieck"
Störkanal
Brenzer K.
Schrump-graben
Krim
Göthen
55
60
65
70
75
80
59
58
61
© 2012: Jübermann-Verlag, Uelzen

2 Schleuse Lübz
Imbiss
Hotel
Marktplatz
50m
Schleuse Lübz
☎0387 31/221 14
Stadt-Marina Lübz TA6-61-1
Schleuse Bobzin
Selbstbedienung
7m Hubhöhe
Wasserwanderrastplatz Kuppentin TA6-61-2
Müritz-Elde-Wasserstraße
Schleuse Barkow
(Selbstbedienung)
Hotel Restaurant Am Worns-Berg
PLAU
am See
Müritz-Elde-Wasserstraße: 3,7 1,2 6
Schleusenzeiten: 25.3. - 30.9. 9-20°° Uhr
Schleuse Neuburg
(Selbstbedienung)
Ufercamp Eldeblick
TA6-60-4
Alte Elde
Befahrbarkeit nicht erkundet
Bauernhof Koch u. Becker
Wasserwanderrast-platz Burow
4 Schleuse Barkow
Selbstbedienung
50m
3 Schleuse Bobzin
Füllwasser kommt mit hohem Druck in Schleusen-Mitte hoch, unbedingt Hinweise Schl.Wärter beachten
50m
1 Schleuse Neuburg
Selbstbedienung
50m
Granzin
Werder
Weisin
Passower See
Kuppentin
Plauerhagen
Ruthen
Bobzin
Altenlinden
Wessentin
Lancken
Beckendorf
Lübz
Brauerei
Lutheran
Riederfelde
Brocck
Barkow
Lalchow
Klebe
Hof Lalchow
Kritzower See
Kritzow
Ziegelei
Benzin
Reppentin
Rom
Gischow
Hof Gischow
Schlemmin
Gaarz
Paarsch
Klein Niendorf
Hof Kreien
Kolonie Kreien
Fuchsberg
Sandkrug
Kreien
Ausbau Kreien
Karbow-
-Vietlübbe
Burow
Neuburg
Kl.Pankower Niedermühle
Blanker See
Siggelkow
Groß Pankow
Gehlsbach
Wilsen
Klein Pankow
Kl.Dammerow
Weizenberg
85
90
95
100
105
110
115
119
60
62
© 2012: Jübermann-Verlag, Uelzen

TA6-62
12°16´
12°25´
Karow
Samoter See
Mönchbusch
Drewitzer See
Nossentiner Hütte
Glashütte
C89 Camping am See Alt Schwerin TA6-62-7
63
Silz
Sparow
Zarchlin
Alt Schwerin
Leisten
Hofsee
Heidensee
Heidekrug
Leister Lank
TA6-62-2 Campingplatz Leisten B010
Durchfahrt nur für K (schwer zu finden)
Tauchow-see
Fischerei Wendorf
Jürgenshof
TA6-63-2 Campingplatz Heide
Marina Heidepark
TA6-63-2
Drehbrücke Malchow
(Str.-Brücke nur bis 1,5 to.)
Tel.: 03 99 32 / 1 64 89
1.4.-30.9. 9°°-20°°
Okt.-Nov.9-16°° jeweils zur vollen Std.
1,7
AS 16 Malchow
Segelverein Malchow
Krebssee
C96 Naturcamping Malchow TA6-62-9
Malchow
Malchower See
Plauer Werder
Insel-Camping Werder TA6-62-8
C90
Quetzin
Weizenberg 82,3
61
Hubbrücke Plau
Schleuse Plau
☎03 87 35/ 443 64
Feriendorf Heidenholz
Plauer See
125
Lenz
9
4,4
Lenzer Krug
Lenzer Boots- und Caravanhafen
Biestorf
Jugendherberge Malchow
Segler !! Hochspannungsleitung
8,0
Petersdorfer See
Reken
(-keine Gäste)
Yachtclub Malchow
130
evtl. auch Δ, aber laut
AS 17 Waren
Petersdorf
Hotel Haus Waldesruh
Lenzer Hafen TA6-62-10
Klebe
PLAU am See
119
Plauer Seglerverein
Fischerhaus
See-Rundfahrt ~40km
61,9m ü.NN
Kletterpark
JGH Plau am See
Wasserwanderrastplatz +Plauer WSV
TA6-62-1
Marina+Segelschule Plau
Gr. Pätschsee
Naturcamping Zwei Seen C75b TA6-62-6
Wald-u.Seeblick-Camping C75a TA6-62-5
Adamshoffnung
Grüssow
Bruchmühle
Langenstücken
63
Neu Grüssow
Garzer See
Plötzenhöhe
Plötzensee
TA6-62-3 Campingplatz Zuruf Am See
Burgsee
Reppentin
Hafen Zieslow
Zieslow
Appelburg
Rehberg
Müritz-Elde-Wasserstraße: 3,7 1,2 6
Schleusenzeiten: 25.3. - 30.9. 9-20°°Uhr
Satow Hütte
Gaarz
Silbermühle
Breiter Berg
Satow
Kogeler See
Kogel
61
Suckow
Bärenwald
Gnevsdorf
Dresenow
Dresenower Mühle
Twiefort
Buchberg 118,2
Rogeez
Stuer Winkel
Meyenburger AV
Bad Stuer
C74
TA6-62-4 Campingplatz Bad Stuer
Bärenwald
Stuer
Kieswerk
Ganzlin
Stuer Vorwerk
1.4.30.9. 7°°-20°°
1.10.-30.11. 8°°-16°°
Dez.-März kein Betrieb
Schleuse Plau
Betriebshfn.
30m
Darze
Altenhof
Käse
Fincken
Darzer Tannen
© 2012: Jübermann-Verlag, Uelzen

Loppiner See
Jabel
Yachthafen Maribell TA6-63-5
TA6-63-4
C91 Campingpl.am Jabelschen See
!! ganz schmale Fahrrinne evtl. bezeichnet (von Privat)
Besichtigung Schau-Gehege (Fütterung 10°° + 15°°) am 1. Badeplatz in Damerow
Damerow
Info-Zentr. Wisent-Gehege
Jabelscher See
Schwenzin
Sandkrug
WAREN
Segelkameradschaft Waren
Warener Segelverein
Sailpoint Wassersportzentr.
TA6-63-7 WWK "Stille Bucht" Kamerun
TA6-63-6 Campingpl. Kamerun
Müritz-Marina Kamerun
Eldenholz
Reeck-see
Reeck-kanal
Binnen-müritz
Tief-waren
Müritz-SC Waren
Parkplatz am Hafen
Stadthfn. Waren
Yachthfn. Waren
Papenberg
Jugendherberge Waren
Amsee
Nossentiner Hütte
Hoher Berg 84,8
Nossentin
Silz
Landgasthof Am Fleesensee
Hafendorf Silz (geplant)
TA6-63-2 Campingplatz Heidepark Silz
TA6-63-2 Marina Heidepark Silz
C97
Drehbrücke Malchow
(Str.-Brücke nur bis 1,5 t)
Tel.: 03 99 32 / 1 64 89
1.4.-30.9. 9°°-20°°
Okt.-Nov.9-16°° jeweils zur vollen Std.
Fleesensee
Göhrener Kanal
Campingpl. Jabel-Heidenfriedhof
TA6-63-3
C92
Engstelle
Damerower Werder
Wisent-Gehege
NSG, Betreten verboten !!! !!!
Kölpinsee
Steine
145
140
135
Segelverein Malchow
Krebssee
Malchow
Bootswerft Max Thiele
Jugendherberge Malchow
Stadthafen Malchow
Segler !! Hochspannungsleitung
Yachtclub Malchow
(-keine Liegepl.)
Reken
130
evtl. auch Δ, aber laut
Malchower See
Wasserwanderrastplatz TA6-63-1
Untergöhren
Yachthfn. Resort Feesensee
Golfplatz
Göhren-Lebbin
Laschendorf
Penkow
Wendhof
Grabenitz
Kirch Poppentin
Poppentin
Roez
Kisserow
Lexow
Hinrichsberg
Grüssow
Neu Grüssow
Bruchmühle
Satow Hütte
Walow
Sietow
Sietow Dorf
Zierzow
Marina Sietow
Campingplatz Sietower Bucht
TA6-64-1
FKK-Campingplatz
TA6-64-2 Hirschberg
Pension Müritzwiese
TA6-64-3 Müritz-Camp
Rasthof Sembzin
Sembzin
Klink
Wasserwander-rastplatz YC-Klink
Hafen Müritz-Hotel
Marina Eldenburg TA6-63-8
150
155
160
Dicker Baum
Kahler Berg 88,3
Müritz
Müritz-Mitte
Gr. Steinhaufen
Kl. Steinhaufen
Feisneck-see
nur frei für Anlieger
Azur-Camping Ecktannen TA6-63-9
Müritz: !! Windbedingungen tückisch, oft bis 2 Bft. stärker als für Waren angegeben, zeitweise lebensgefährlich, nur für Erfahrene Kanuten mit seetüchtigen, völlig geschlossenen Booten (keine Canadier!!)
innerh. betonnter Wasserfläche Befahren verboten !! bei West - bis Südwinden
Müritz-Nationalpark
62
64
TA6-63
© 2012: Jübermann-Verlag, Uelzen

12°36'
TA6-63-7 WWK "Stille Bucht" Kamerun
Eldenholz
TA6-63-6 Campingpl. Kamerun
Müritz-Marina Kamerun
Reecksee
Reeck-kanal
145
Kölpinsee
53° 30'
Marina Eldenburg
TA6-63-8
150
Hafen Müritz-Hotel
Klink
63
WAREN
Parkplatz am Hafen Blumen und Parken Steindorf-Sabath
Stadthafen Waren
Yachthafen Waren
Papenberg
Binnenmüritz
Jugendherberge Waren
Feisneck-see
nur frei für Anlieger
Azur-Camping Ecktannen TA6-63-9
C99
12°46'
Godow
Kargow
Bhf. Kargow
Kargow-Unterdorf
Krummer See
Informationshaus am Nationalpark Müritz
Federow
Kargow Holz
Am Dammfeld
Müritz-Nationalpark
Müritz: !! Windbedingungen tückisch, oft bis 2 Bft. stärker als für Waren angegeben, zeitweise lebensgefährlich, nur für Erfahrene Kanuten mit seetüchtigen, völlig geschlossenen Booten (keine Canadier!!)
Wasserwanderrastplatz YC-Klink
Kahler Berg
Grabenitz
Dicker Baum
155
Warnker See
Rederangsee
62,3m ü.NN
Schwarzenhof
Müritzhof
Rasthof Sembzin
Sembzin
Sietow
Campingplatz TA6-64-1 Sietower Bucht
Marina Sietow
Sietow Dorf
Sietow
Müritz-Nationalpark
Specker
innerh. betonnter Wasserfläche Befahren verboten !! bei West- bis Südwinden
Roserberg
Müritz-Mitte
Gr. Steinhaufen
160
Rodenberg
Kl. Steinhaufen
FKK-Campingplatz TA6-64-2 Hirschberg
C78
Pension Müritzwiese
TA6-64-3 Müritz-Camp Gotthun
Gotthun
Schamper Mühle
Baben-Schwerin
Gr. Schwerin
Müritz
62,0m ü. NN
Die Müritz (weibl.) slawisch: "Kleines Meer"
Großer Schwerin
Zähnerlank
Steinhorn
Marienfelde
Bei Wellengang großen Abstand zum Ufer halten (flach, steinig!)
TA6-64-6 Campingplatz Boek
TA6-64-7 Wasserwanderrastplatz Alte Fahrt
TA6-64-8 Campingplatz Bolter Ufer
Wasser-Service-Center RÖBEL
TA6-64-4 C73 Campingplatz Pappelbucht
Wasser-Service-Center RÖBEL
Röbeler Segler-Verein
Parkfläche am Seglerhafen
Alter Seglerhfn.
Gneve
Gildekamp
Gr. Wünnow
RÖBEL
Eisenbahnmuseum
Marina Ludorf
TA6-64-5 Müritzpark Ludorf
C72
Ludorf
165
Lu3
Lu4
Kleine Kuhle
Bootshfn. Bolter K.
Bolter Kanal
Anlanden verboten
Bolter Schleuse
C15
Ludorfer Mühle
Classee
Nätebow
Bollewick
Zielow
Marina Müritz TA6-64-9
JGH Zielow
Rechlin Nord
65
Solzow
Mohrberg
Spitzkuhn
170
Kleine Müritz
Seglerhafen Rechlin
Ferienzentr. Yachthfn. Rechlin
Rechlin
Vipperow
Retzow
Kotzow
Vietzen
Gaarzer Mühle
Karbow
12°35'
12°46'
65

64
Müritz
Marina Ludorf
Müritzpark Ludorf
C72
TA6-64-5
Ludorf
Kleine Kuhle
165
Campingplatz Bolter Ufer TA6-64-8
C15
Boeker Mühle
Fischteiche
Wasserwanderrastplatz Alte Fahrt TA6-64-7
Bootshfn. Bolter K.
Bolter Kanal
Anlanden verboten
Bolter Schleuse
Caarpsee
Alte Fahrt
Woterfitzsee
Zartwitzer Hütte
Amalienhof
Zartwitz
Shuttle-Service Babke - Paddel-Paul
0174 - 8 27 52 30
Babke:Taxi-Moritz
039 833-204 54
(fährt nicht jeden Tag)
Durchfahrt entlang der gelben Bojen erlaubt, Anlanden verboten !
Müritz-Nationalpark
Marina Müritz TA6-64-9
Zielow
JGH Zielow
Rechlin Nord
Bolter Schleuse
Betriebsgelände
schwerer Bootswagen vorhanden (min. 2 Pers.)
zur Müritz
zeitweise fauliges, stinkendes Wasser
zum Carpsee
100m
Leppinsee
Anlieger frei
"Paddel-Paul"
www.paddel-paul.de
C20
Campingplatz am Leppinsee
TA6-65-1
Schillersdf.
76
Leppiner Heide
Qualzow
170
Vipperow
Kleine Müritz
Seglerhafen Rechlin
Ferienzentr. Yachthfn. Rechlin
Rechlin
Großer Kotzower See
Kotzower Heide
Schillersdorfer Teerofen
Retzow
Kotzow
Heide
Gaarzer Mühle
Vietzen
Wasserwanderrastplatz Baumhauscamp M. Winkel
TA6-65-8
Sumpfsee
Granzower Tannen
Müritzarm
Granzower Möschen
Freizeitsteg-Ferienpark Mirow TA6-65-2
Priborn
Neu Gaarz
Granzow
Zeltplatz Kanustation Granzow TA6-65-3
175
Lärz
Müritz-Havel-Wasserstraße
Alt Gaarz
Im Langen Ort
Jugendherberge Mirow
Kanustation Mirow
TA6-65-4
C40
Mirower See
Bootsservice Rick u. Rick TA6-65-5
Müritzsee
Campingplatz C70 Müritzarm
Schwalbenberg
Thüren
Blocksberg
Strandhotel Mirow TA6-65-6
Bootsservice Rick u. Rick
MIROW
TA6-65-7
Tralowsee
Schleuse Mirow
03 98 33/2 02 59
RV Blau-Weiß Mirow
Wasserwanderrastplatz Mirow
180
Buchholz
Krümmel
Hohe Brücke
Müritz-Havel-WStr. 1,4 3,8 9
Nebel
Krümmeler See
Starsow
Sewekowsee
Sewekow
Ablage Nebelsee
Mirower Kanal
Schleuse Mirow
30m
Bootsschleppe (Gleislore)
Betriebszeiten: 7°°-20°° Uhr
gesperrt
Peetsch
Schulzensee
Durchfahrt schwer zu finden flach, 2,20m breit
Seehotel Ichlim
Krümmeler Heide
Fehrlingsee
Zotzensee
Campingplatz Peetsch
C42
TA6-65-9
Langhagensee
Nacht
-auch 12-14°°
Heide
Holm
66
Buschhof
Schwarzer See
Schwarz
Mössensee
Naturcamping am Mössensee
TA6-65-10
C25
C25-FKK
Fleether Mühle
Mirower Holm
Kuhlmühle
Mecklenburg-Vorpommern
Brandenburg
Mühlenberg
Gr. Baalsee
Kl. Baalsee
Walkmühle
Zethner See
Vilzsee
Forsthof
Diemitz
Gr. Peetschsee
Zempow
TA6-65-11 Waldcamping Zethner See
Campingplatz Jungle
TA6-65-12 Jugendbegegnungsstätte Forsthof
Griebsee
Dranser See
Gr. Wummsee
Rochowsee

TA6-66
65
67
68
MIROW
Starsow
Schleuse Mirow
☎ 03 98 33/2 02 59
gesperrt
Hohe Brücke
Peetsch
Zirtow
Zirtow-see
Campingplatz C28 TA6-66-2
Krummer
Peetschsee
Wolkow-see
Drosedow
Neu Drosedow
Drosedower Bek
Rätz-see
Fehrling-see
Zotzen-see
Schulzen-see
Campingplatz Peetsch C42 TA6-65-9
Anlieger frei
TA6-66-3 Campingplatz am Gobenowsee C27
Seewalde
Wustrow
Klenz-see
Schwarzer See
Holm
Mirower Holm
Schwarz
Mössen-see
TA6-65-10 Naturcamping am Mössensee C25 C25-FKK
Gobenowsee
Neu Canow
Fleether Mühle
TA6-66-1 Naturcamp Rätzsee (FKK) Wasserwanderrastplatz
Pack u.Paddel
TA6-68-6 Wasserwanderrastplatz Kanuhof Wustrow
NFH Ferienzentrum am Plätlinsee
Buchsee
Dollbek
Canower Heide
Mühlenberg
Fleeth
Biber-Tours TA6-66-4 C24
Schleuse Diemitz
Zethner See
Vilzsee
Labussee
TA6-66-5 Campingplatz Canow
Waldcamping Zethner See TA6-65-11
Forsthof
Diemitz
Gr. Peetsch-see
Bieber-Park
Schmidt-see
Fischerei
Canow
Canower See
Pälitzsee
TA6-65-12 Jugendbegegnungsstätte Forsthof
Müritz-Havel-WStr. 1,4 3,8 9
Großer
Fleether Mühle
Wasser-wander-rast-platz
Imbiss
Pack & Paddel
30m
zum Rätzsee
zum Vilzsee
bei viel Betrieb auch hier möglich
Rochow-see
Giesen-schlag-see
Twern-see
Grünplan
TA6-66-7 WWR Landhotel Lindengarten
Narchowsee
Kleinzerlang
Kleiner Pälitzsee
Großzerlang
Pälitzsee
Luhme
Gr. Prebelow-see
Hüttenkanal
Wolfsbrucher Schleusenkanal
Kolonie Großzerlang
Campingverein Pälitzsee TA6-66-6 D85
nur für Einzelwanderer
Schleuse Wolfsbruch ☎ 03 39 21 / 7 02 40
Marina Wolfsbruch TA6-66-8
JGH Prebelow
Adamswalde
Krummer See
Gr. Heege-see
Neumühl
Pätsch-see
Prebelow
Flache Heide
Ziem-see
Tietzowsee
Ferieninsel Tietzowsee TA6-66-10
Campingplatz Eckernkoppel TA6-66-9
Rheinsberger Gewässer: 1,4 3,7
Flecken Zechlin
TA6-66-11 Campingplätze am Gr.Zechliner See
RV Zechlin (U. nur f. Ruderer)
D83
Café D82 Zur Brücke
Repente
Zootzen-see
Jagow Kanal
Zechlinerhütte
Kamper See
Canower Schleuse
Labussee
☎: 03 98 28-2 02 55
Betriebszeiten: 7°°-20°°Uhr
zum Canower See
Gr. Zechliner See
Schwarzer See
Zechliner Fischerhütte
Repenter Kanal
Reiherhof
Schlaborn-see
Dollgow-see
Dollgowkanal D108
Bikowsee
Campingplatz Berner Land TA6-66-15
Naturcamp.Bikowsee TA6-66-14
Wittwien
D101
Dorf Zechlin
Zermitten-see
TA6-66-12 Campingpl. Am Reiher-holz
Sabinen-see
Mehlitz-see
Campingpl. Schlaborn-Halbinsel TA6-66-13
25m
Schlaborn
Hüttenkanal, Schleuse Wolfsbruch
Betriebszeiten: 7°°-20°°Uhr
zum Kl. Pälitzsee
zum Gr. Prebelowsee
40m
Bramin-see
Kagar
Kagarscher Bach
Pizzeria-Gartencafé/Kanuanleger
Gr. Patsch-see
Steinablage D100 TA6-66-16
Biwak verboten !!
Rheinsberger See
Remus-insel
Hohenelse
Paulshorst
Wallitz
Hafendorf Rheinsberg
Warenthin
Buberow
Reke
Campingplatz Warenthin TA6-66-17
Gr. Linnow-see
Segelclub Rheinsberg
Wasserwanderclub Rheinsb.
Motor-WSC Rheinsberg
Grienericksee
RV Rheinsberg TA6-66-18
Marina Rheinsberg
Kölpinsee
Kl.Tietzensee
Sollenwalde
Zechowsee
Tietzensee
Wölzensee
Diemitzer Schleuse
Betriebszeiten: 7°°-20°°Uhr
Kiosk
+Paddel-laden
Biwakplatz gegenüber am Kl.Peetschsee Anmeldung hier
Ferienwohnungen
Böber-ecken-see
Linowsee
Linow
Charlottenau
km 13,5 = km 0
Skizze im Atlas TA5
Gasthausbrauerei Zum Alten Brauhaus
Rheinsberg
Kl.Brückenschwall, meist
Rheinsberger Rhin
ganzjähriges Befahrungsverbot für alle Bootstypen
Ausnahme: vom 16.6.-31.10. für K1+K2 ohne Steuer (hochziehen) aber Nachtfahrverbot von 19-9°° Uhr, Benutzung von Stechpaddeln + alle Canadier verboten
Mindestpegel: Rheinsberger Obermühle = 65 cm, Tel.03 39 31/ 34 48 16
Uferbetretungsverbot außer an gekennz. Stellen, Betreten des Flussbettes verboten, Befahrung gegen die Strömung verboten
Bei Zuwiderhandlungen 80,-EUR „Zwangsgeld" !!
Anschluss:"TourenAtlas TA5 -Berlin-Brandenburg"(Kte.30)
ISBN: 978-3-929540-58-1
© 2012 : Jübermann-Verlag, Uelzen

12°54'
13°03'
Liepen
Brustorf
Kratzeburg
Wasserwanderrastplatz
TA6-67-2 Kanu-Hecht
Dalmsdorf
TA6-67-1 Gasthof zu den Linden
Adamsdorf
Käbelick-
See
Campingplatz Naturfreund TA6-67-3
Granziner
Granzin
See
Wasserwanderrastplatz
kein
Schulzensee
Havel
110
8m
Granziner Mühle
Kormoran-Kanutouring
siehe Seite 86
Pagelsee
Im Nationalpark Anlanden und Biwak strikt verboten! (ausgenommen -Stellen)
Granziner Mühle
leistungsfänige Lorenbahn
trotzdem Himmelfahrt 1.Mai + Pfingsten oft Wartezeiten
Havel hier (nur kleiner Graben)
75m
Richtung beachten langsam schieben!
insges. 750m bis zum Pagelsee
Befahrung bis Pagelsee verboten !!
Hier ist jegliches Aufstellen von Zelten streng verboten
Pagelsee
Babke
Boots-schleppe
Zeltmöglichkeit (kleiner Priv.)
Im Sommer Imbiss
30m
105
5m
Zotzen-
see
Gr.Säfkowsee
Havel
6m
hier kein
Nur direkte Durchfahrt entlang der Tonnenlinien (grün) erlaubt
65
Babke
Blanken-
förde
Insel, li. fahren
Görtow-
see
Zierz-
see
Jäthen-
see
100
Buchenberg
Kakeldütt
Schulzenwerder
Jamelsee
Campingplatz zum Hexenwäldchen
TA6-67-4
Graben, 100m treideln
Roter See
Shuttle-Service
Babke - Leppinsee
0174 - 8 27 52 30 (Paddel-Paul)
Babke - Leppinsee
039 833-204 54 (Taxi-Moritz, fährt nur täglich)
Roggentin
TA6-67-5 Campingplatz am Useriner See
Krummer
See
Krams-
see
ganzjährig gesperrt
Prälank
Balkensperre
Müritz-Nationalpark
95
Wenschsee
Gr. Eichhorst-see
Bauernberg
Userin
Useriner
See
Naturkundliche Ausstellung für Wasserwanderer sehr lohnend, nicht durchgehend offen. Anmeldung: Bernd Schmidt 039 81 - 204 395, oder bei Urlauber-Information Neustrelitz ??
Quassower Teerofen
NEUSTRELITZ
Marina Neustrelitz
MC Zierker See
Stadthafen Neustrelitz
Glambeck See
Reisemobilplatz am Stadthafen
Wiesen hal
Zierke
WSV Einheit Neustrelitz
TA6-67-9
Zierker
See
94
Prälanksee
Wittpohl
Neptunclub Neustrelitz
Hohenlanke
4,2
Kl.-Bürger-see
Lindenberg
Kammerkanal
90
3,4
Schleuse Voßwinkel
Tel. 01 73-352 83 06
!! z.T. dichtes Schilf- und Sumpfuler !!!
Groß Quassow
4,4
Flacher Trebbower See
Voßwinkel
Floßgraben
Trebbow
Tiefe Trebbower See
Floßgraben oberh. Gr. Trebbow völlig zugewachsen, !!
Zwenzower Schleuse
3,0
Wasserwanderrastplatz
Useriner Mühle
Kilometer-Sprung: 1 km fehlt in der offiziellen Kilometrierung
TA6-67-6 Campingplatz Zwenzower Ufer
Zwenzow
Felschensee
Bullowsee
Neufeld
Useriner Schleuse
Bootsschleppe
Schleusenzeiten: Mai-Sept.: 8°°/12°°/16°°
50m
Zwenzower Tannen
Großer
Labus-
see
90
Havel
0,9
4,1
Camp.-park Havelberge
TA6-67-8
Woblitz-
Klein Quassow
85
Below
!!, See ist bei stärkerem Wind sehr unangenehm/gefährlich
Voßwinkeler Schleuse
Gleisloie
km 88
50m
Kleiner Labussee
SV Union Wesenberg
Zeltplatz "Ihr Familienpark"
TA6-67-7
Gr. Weißer See
WESENBERG
see
Kanu-Mühle siehe Seite 86
Wasserwanderrastplatz TA6-67-10
Marina Wesenberg
Rote Moorsee
Caravanstellplatz Marina Wesenberg
Schleuse Wesenberg
Tel.: 03 98 32/ 2 02 14
Wasserwanderrastplatz Wesenberg
4,1
Obere Havel-Wstr. 1,4 4,0 9
TA6-67-7 Campingplatz am Drewensee
Schleuse Wesenberg
Bootsschleppe
50m
gesperrt
Havel
Schwaanhavel
80
Zirtow-see
Kronsberg
Campingplatz C28 TA6-66-2
Krummer
Peetschsee
zur Orientierung: Tonne am Ausfluss
Ahrensberg
Havel
4,0
Drewensee
Y: nur f. Anlieger mit festem Liegepl. frei
68
alte überdachte Holzbrücke
Fischsperre
nur für K, im Sommer stark verkrautet
nur ausgetonnter Bereich erlaubt
gutes beim
Fischer
Finowsee
4,0
Rätzsee
Wolkow-see
Neu Drosedow
Drose-
Plätlinsee
Havel
Wangnitz
5,5
66
68

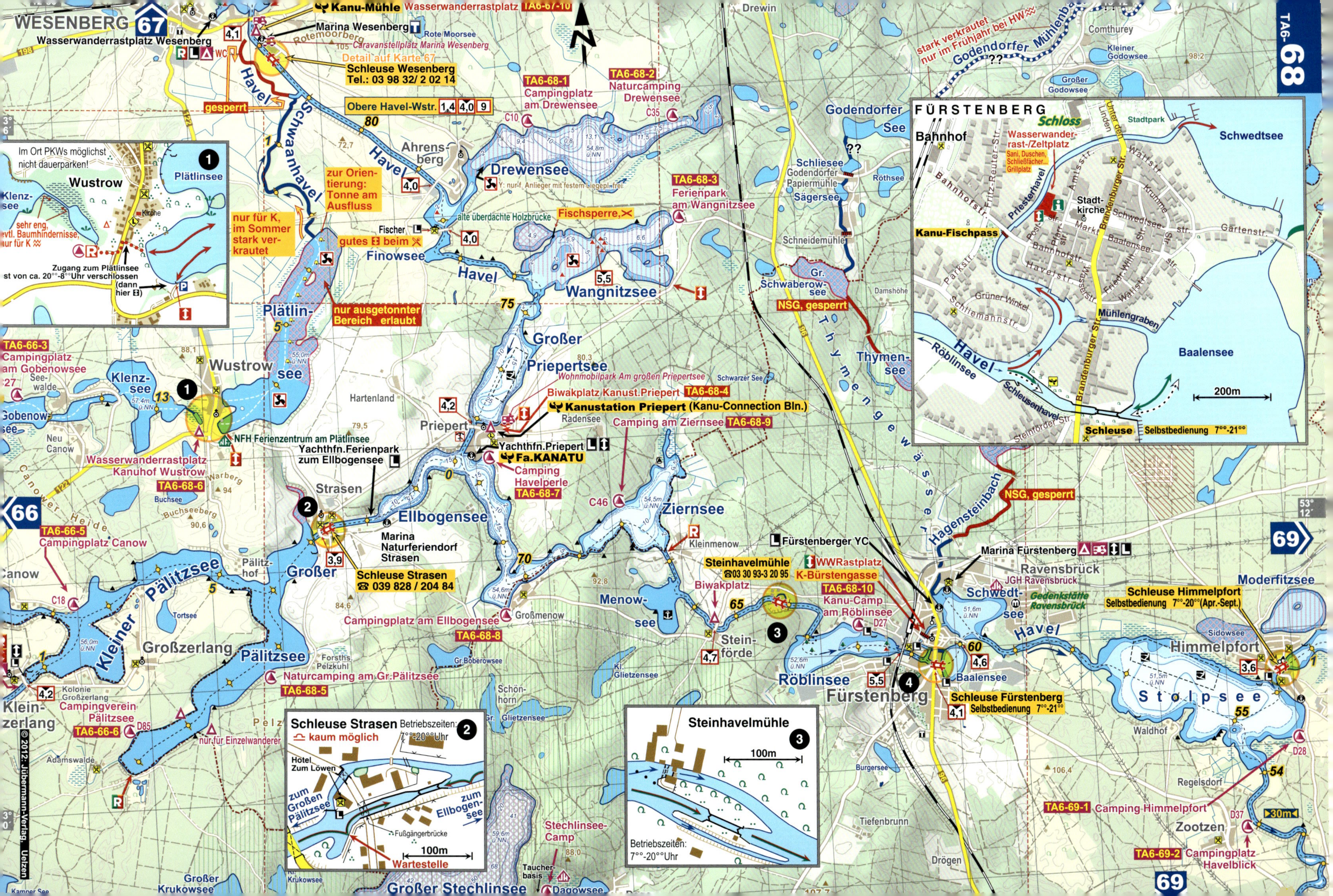
WESENBERG
67
Wasserwanderrastplatz Wesenberg
Kanu-Mühle
Wasserwanderrastplatz TA6-67-10
Marina Wesenberg
Rote Moorsee
Rotemoorberg
Caravanstellplatz Marina Wesenberg
Detail auf Karte 67
Schleuse Wesenberg
Tel.: 03 98 32/ 2 02 14
gesperrt
Obere Havel-Wstr.
80
Schwaanhavel
Havel
TA6-68-1
Campingplatz am Drewensee
TA6-68-2
Naturcamping Drewensee
Ahrensberg
Drewensee
zur Orientierung: Tonne am Ausfluss
nur für K, im Sommer stark verkrautet
alte überdachte Holzbrücke
Fischsperre
Fischer
gutes beim
Finowsee
Havel
Wangnitzsee
TA6-68-3
Ferienpark am Wangnitzsee
nur ausgetonnter Bereich erlaubt
Plätlinsee
75
Großer Priepertsee
Wohnmobilpark Am großen Priepertsee
Biwakplatz Kanust.Priepert TA6-68-4
Kanustation Priepert (Kanu-Connection Bln.)
Camping am Ziernsee TA6-68-9
Schwarzer See
Radensee
Priepert
Yachthfn.Priepert
Fa.KANATU
Camping Havelperle
TA6-68-7
Hartenland
Wustrow
Klenzsee
13
NFH Ferienzentrum am Plätlinsee
Yachthfn.Ferienpark zum Ellbogensee
Wasserwanderrastplatz Kanuhof Wustrow
TA6-68-6
TA6-66-3
Campingplatz am Gobenowsee
Gobenowsee
Neu Canow
Buchsee
Buchseeberg
Warberg
Strasen
Ellbogensee
Marina Naturferiendorf Strasen
Schleuse Strasen
039 828 / 204 84
Ziernsee
Kleinmenow
70
C46
66
TA6-66-5
Campingplatz Canow
Canow
Großer Pälitzsee
Pälitzhof
Tortsee
Kleiner Pälitzsee
Großzerlang
Pälitzsee
Forsthaus Pelzkuhl
Naturcamping am Gr.Pälitzsee
TA6-68-5
Campingplatz am Ellbogensee
TA6-68-8
Großmenow
Menowsee
Steinhavelmühle
Biwakplatz
65
Steinförde
WWRastplatz
K-Bürstengasse
TA6-68-10
Kanu-Camp am Röblinsee
Fürstenberger YC
Röblinsee
Fürstenberg
Schleuse Fürstenberg
Selbstbedienung 7°°-21°°
Baalensee
Kleinzerlang
Kolonie Großzerlang
Campingverein Pälitzsee
TA6-66-6
nur für Einzelwanderer
Adamswalde
Gr.Boberowsee
Schönhorn
Gr. Glietzensee
Kl. Glietzensee
Stechlinsee-Camp
Taucherbasis
Großer Stechlinsee
Dagowsee
Großer Krukowsee
Drewin
Godendorfer See
Schliesee
Godendorfer Papiermühle
Sägersee
Röthsee
Schneidemühle
Gr. Schwaberowsee
NSG, gesperrt
Thymensee
Thymen-gewässer
Damshöhe
stark verkrautet nur im Frühjahr bei HW
Godendorfer Mühlenbach
Comthurey
Kleiner Godowsee
Großer Godowsee
Hagensteinbach
NSG, gesperrt
Marina Fürstenberg
Ravensbrück
JGH Ravensbrück
Gedenkstätte Ravensbrück
Schwedtsee
Havel
60
Moderfitzsee
Schleuse Himmelpfort
Selbstbedienung 7°°-20°° (Apr.-Sept.)
Sidowsee
Himmelpfort
Stolpsee
55
Waldhof
54
Regelsdorf
TA6-69-1 Camping Himmelpfort
Zootzen
TA6-69-2 Campingplatz Havelblick
30m
69
Tiefenbrunn
Drögen
Burgersee
FÜRSTENBERG
Schloss
Bahnhof
Wasserwanderrast-/Zeltplatz
Sani, Duschen, Schließfächer, Grillplatz
Stadtpark
Schwedtsee
Stadtkirche
Kanu-Fischpass
Priesterhavel
Brandenburger Str.
Unter den Linden
Mühlengraben
Baalensee
Havel
Röblinsee
Schleusenhavelstr.
Schleuse
Selbstbedienung 7°°-21°°
200m
1
Im Ort PKWs möglichst nicht dauerparken!
Wustrow
Plätlinsee
Klenzsee
sehr eng, evtl. Baumhindernisse, nur für K
Zugang zum Plätlinsee ist von ca. 20°°-8°° Uhr verschlossen (dann hier)
Schleuse Strasen
Betriebszeiten: 7°°-20°°Uhr
kaum möglich
Hotel Zum Löwen
zum Großen Pälitzsee
zum Ellbogensee
Fußgängerbrücke
100m
Wartestelle
Steinhavelmühle
100m
Betriebszeiten: 7°°-20°°Uhr

TA6-69
70
68
71
13°14'
13°21'
Retzow
Wurlsee
Wurlseecamping Lychen TA6-69-7
Campingplatz Rehberge TA6-69-6
Wurlgrund
Waldhaus Grünheide
Ober-pfuhl-see
Nessel-pfuhl
Lehstsee
Küstrinchenbach
ab MW evtl. treideln Faltboote immer
Marina Lychen
Großer
Lychen
Detailskizzen siehe Seite 70
Lychen-see
Stadtsee
Segelverein Lychen TA6-69-8
Hohen-lychen
Biwakplatz "Fegefeuer"
Zens-see
Heckenhaus
Sängerslust
Transfer Netzowsee
Platkow-see
Mellen-see
Sperre
Woblitz
Lychensee
Himmelpfort
Haussee
WSG Stolpsee
Schl.SB
lecker! (auch vegetarisch)
1,0 (bei Pegel 50cm)
(kein
Zufahrt bis zum Fischrestaurant für Kanu möglich
Stolpsee
200m
Sportboothafen Pians
Biwakplatz Pian (mit 3 Schutzhütten je 4 Schlafpritschen)
Ravensbrück
Gedenkstätte Ravensbrück
Moderfitzsee
Piansee
Sidowsee
Moddersee
Havel
Stolpsee
Himmelpfort
Schleuse Himmelpfort Selbstbedienung 7⁰⁰-20⁰⁰ (Apr.-Sept.)
Stolpsee-Bootshaus
Camping Himmelpfort TA6-69-1
Waldhof
Regelsdorf
Zootzen
Campingplatz Havelblick TA6-69-2
30m
Regow Selbstbedienung 50m
Käserei www.schleusenhof.de
Miet-Draisinenverkehr Templin - Fürstenberg
Tangersdorf
Densow
www.Bootshaus-Bandelow.de Zimmer
Wasserwanderrastplatz Bredereiche
Bredereiche
Schleuse Bredereiche Selbstbedienung 7⁰⁰-21⁰⁰
BRC Hevella
Havel
Schleuse Regow Selbstbedienung 7⁰⁰-21⁰⁰
Biwakplatz (gut für K+R)
Biwakplatz, für K+R etwas ungeeignet, sehr hohe Uferbefestigung
Zaaren Selbstbedienung 100m
ehemaliger Truppenübungsplatz, !!! Blindgänger, Fluss- und Uferbereich nicht verlassen
Kramsee
Bredereiche Wasserwanderrastplatz
Freibad
RC Hevella
50m
Gramzow
Boltenhof
Qualzow
Haussee
Barsdorf
Blumenow
Großer Beutelsee
Schleuse Zaaren Selbstbedienung 7⁰⁰-21⁰⁰
Schleuse Schorfheide
Schleuse Schorfheide Selbstbedienung 7⁰⁰-21⁰⁰
25m
100m
Neutornow
Dannenwalde
Kleiner Wentowsee
Seilershof
Campingplatz Seilershof TA6-69-5
Neubau
20m
Im Frühjahr evtl.
Großer Wentow-See
Tornow
Havel
Ringsleben
Wentow
Marienthal
Marienthalschleuse
30m
TA6-69-3 Gasthaus "Zur Fähre"
Burgwall
Schleuse Marienthal
Tel: 03 30 80-6 02 39
Schleusenzeiten:
1.4.-30.6. 8-18⁰⁰
1.10.-30.11. 8-16⁰⁰
1.12.-31.3. kein Betrieb
50m
Neulüdersdorf
Zabelsdorf
Altlüdersdorf
Burgwallerstich
Marina im Ziegeleipark TA6-69-4
Anschluss: "TourenAtlas TA5 -Berlin-Brandenburg" (Kte.15) ISBN: 978-3-929540-58-1
© 2012: Jübermann-Verlag, Uelzen
Ribbeck

13°20´
13°29´
Heldberg
Krüseliner Mühle
30m
bei HW hier
bei NW hier
Dreetzsee
300m
Badeplatz
TA6-70-4
Krüselinsee
1
Carwitz
kl.Stufe in der Bäk, re.vor und hinter der li. wieder, guter Rastplatz u.
Schlicht
Lichtenberger Buchen
Mönkenwerder
Lütter See
Breiter Luzin
Tornowhof
TA6-70-1
Camping am Bauernhof
Seerosenkanal:
leichtes v.Haussee zum Schmalen Luzin
Bootsschleife (auch für R.)
zeitweise faulig/verschlammte Zufahrten, einfacher und ohne über Luzinkanal fahren
Forst
Feldberger Hütte
Reiherberg
Hüttenberg
Schloßberg
Anlieger frei
Haussee
Luzinkan.
C30
Wootzensee
Wittenhagen
Fürstenhagen
Die Floot
sehr verwachsen nur K 1 Fischsperre evtl.
Jugendherberge Feldberg Tel.: 03 98 31-205 20
Grünow
Dolgener See
Lüttenhagen
FELDBERG
Scharteisen
Luzinhalle
Zansen
Neuhof
Schmaler Luzin
Kolbatzer Mühle
www.kolbatzer-muehle.de
Biwak, Bisto, Frühstück
privat
100m
13°20´
Sägewerk Koldenhof
Mühlberg
Conow
Ziegenberge
Campingplatz C 38
TA6-70-2
Hauptmannsberg
Carwitzer See
Boisterfelde
Bibelsee
ganzj.Befahrungsverbot 100m-Streifen
Läven
Gräpkenteich
Carwitz
Rosenhof
Conower Werder
Funkenhagen
TA6-70-3 Campingpl.am Carwitzer See
Schulzensee
Labee
Waldsee
Triepkendorf
Dreetzsee
Thomsdorf
Campingpl.am Dreetzsee
TA6-70-4
C86
Krüselinsee
Charlottenthal
Nesselpfuhl
Lychen
Oberpfuhlsee
100m
Flößereimuseum
hier kein Mühlengraben
Mecklenburg-Vorpommern
Brandenburg
Rohrpöhle
Mechow
Beenz
Weutschsee
Krüseliner Mühle
Kleiner-
Großer Mechnowsee
Schreibermühle
ehemaliger Beherbergungsbetrieb + Biwakplatz aufgegeben
40m
Lychen
Oberpfuhlsee
Café
Stadtsee
Zenssee
50m
Waschsee
Clansee
Hinterfeld
evtl. Fischsperre (-leicht, bzw.)
Für die Strecke Dreetzsee bis Lychen unbedingt eigenen Bootswagen mitnehmen
Torgelowsee
Marienheim
Kolbatzer Mühle
Kl. Kronsee
Krummer See
Dreetzsee-Oberpfuhlsee:
glasklares Wasser, vorsichtig und langsam paddeln, Wasser nicht aufwühlen !! ruhig verhalten
Schreibermühle
Tiefer See
Fauler See
Duster Möll
Gr. Baberowsee
Stiepensee
Türkshof
Kl.Küstrinsee
Mahlendorfer Heckenhaus
Mahlendorf
Campingplatz Rehberge TA6-69-6
TA6-69-7
Wurlseecamping Lychen
Großer Küstrinsee
Stoitzsee
Rathenowsee
Wurlsee
Biwakplatz Küstrinchen
Lehstsee
Küstrinchen
Schwanzsee
Warth
Nesselpfuhl
Oberpfuhlsee
Küstrinchenbach
Küstrinchen
TC
Biwakplatz
50m oberhalb Fischsperre, Vorsicht, Netze nicht beschädigen !
40m
Marina Lychen
Lychen
ab MW evtl. /treideln Faltboote immer
Küstrinchenbach:
Befahrung nur bei Mindestpegel >30cm am Lattenpegel Straßen- Küstrinchen erlaubt: Pegel-: 039 888/645 42 (Bandansage) oder: http:// www.kanu.de/pegel bei zu wenig Wasser ist in Küstrinchen ein Taxiunternehmen erreichbar. Befahrung stromauf ganzj. verboten!
Taxi mit Trailer: 039888-2562 oder 0172-438 21 13,
Pony-Shuttle: Küstrinchen, Hof 4, 039888-2577
Am Biwakplatz Küstrinchen werden auch Bootswagen verliehen (6,-EUR), 9 und 15 (Abstellen am Wehr hinter Biwak Fegefeuer)
Fegefeuer
Biwakplatz "Fegefeuer"
Großer Lychensee
Stadtsee
Segelverein Lychen
TA6-69-8
Zenshaus
Zenssee
Hohenlychen
Langes Werder
Sängers-lust
Heckenhaus
Transfer Netzowsee
Griebchensee
Platkowsee
Mellensee
Sperre

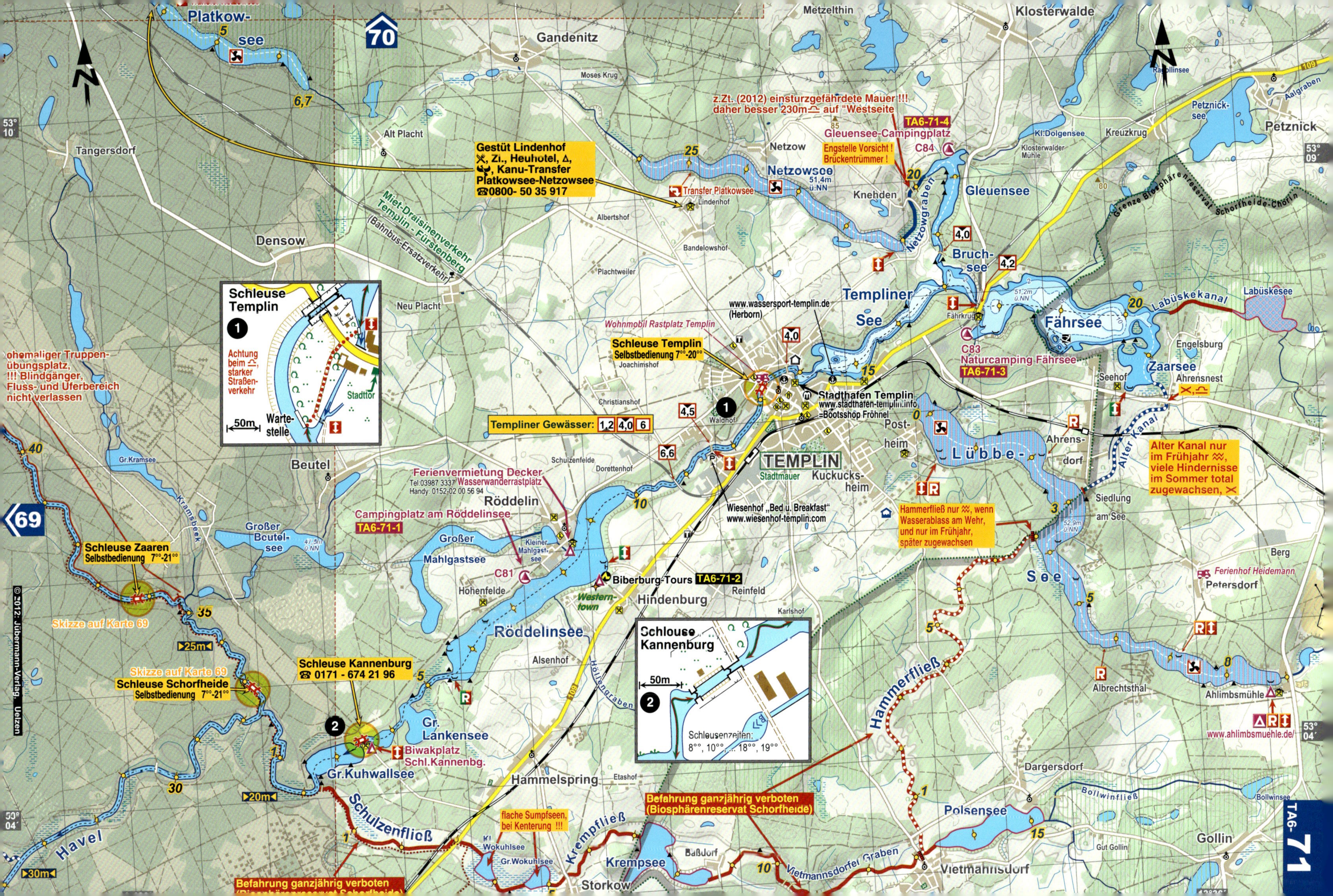
Platkow-see
Gandenitz
Metzelthin
Klosterwalde
Petznick
Petznicksee
Kreuzkrug
Kl.Dolgensee
Tangersdorf
Alt Placht
Moses Krug
Gestüt Lindenhof
Zi., Heuhotel, Δ, Kanu-Transfer
Platkowsee-Netzowsee
☎0800- 50 35 917
z.Zt. (2012) einsturzgefährdete Mauer !!!
daher besser 230m auf "Westseite
TA6-71-4
Gleuensee-Campingplatz
C84
Engstelle Vorsicht !
Brückentrümmer !
Netzow
Netzowsee
51,4m ü.NN
Knehden
Gleuensee
Netzowgraben
Transfer Platkowsee
Lindenhof
Albertshof
Miet-Draisinenverkehr
Templin - Fürstenberg
(Bahnbus-Ersatzverkehr)
Densow
Bandelowshof
Plachtweiler
Bruch-see
Templiner See
Fährkrug
Fährsee
Labüskekanal
Labüskesee
Engelsburg
Zaarsee
Ahrensnest
C83
Naturcamping Fährsee
TA6-71-3
Grenze Biosphärenreservat Schorfheide-Chorin
Schleuse Templin
Achtung beim, starker Straßenverkehr
Stadttor
Warte-stelle
50m
Neu Placht
www.wassersport-templin.de
(Herborn)
Wohnmobil Rastplatz Templin
Schleuse Templin
Selbstbedienung 7°°-20°°
Joachimshof
Christianshof
Stadthafen Templin
www.stadthafen-templin.info
=Bootsshop Fröhnel
Templiner Gewässer: 1,2 4,0 6
Waldhof
TEMPLIN
Stadtmauer
Kuckucks-heim
Post-heim
Lübbe-see
Ahrens-dorf
Seehof
Alter Kanal
Alter Kanal nur im Frühjahr, viele Hindernisse im Sommer total zugewachsen,
Siedlung am See
ohemaliger Truppen-übungsplatz,
!!! Blindgänger,
Fluss- und Uferbereich nicht verlassen
Gr.Kramsee
Kramsbeek
Beutel
Großer Beutelsee
Schulzenfelde
Dorettenhof
Ferienvermietung Decker
Wasserwanderrastplatz
Tel 03987 3337
Handy 0152-02 00 56 94
Röddelin
Campingplatz am Röddelinsee
TA6-71-1
Großer Mahlgastsee
Kleiner Mahlgastsee
C81
Hohenfelde
Wiesenhof „Bed u. Breakfast"
www.wiesenhof-templin.com
Hammerfließ nur wenn Wasserablass am Wehr, und nur im Frühjahr, später zugewachsen
Biberburg-Tours
TA6-71-2
Western-town
Hindenburg
Reinfeld
Karlshof
Berg
Ferienhof Heidemann
Petersdorf
Röddelinsee
Alsenhof
Albrechtsthal
Ahlimbsmühle
www.ahlimbsmuehle.de/
Schleuse Zaaren
Selbstbedienung 7°°-21°°
Skizze auf Karte 69
Skizze auf Karte 69
Schleuse Schorfheide
Selbstbedienung 7°°-21°°
Schleuse Kannenburg
☎ 0171 - 674 21 96
Gr. Lankensee
Biwakplatz Schl.Kannenbg.
Gr.Kuhwallsee
Schleuse Kannenburg
50m
Schleusenzeiten:
8°°, 10°° ... 18°°, 19°°
Hammerfließ
Höllengraben
Hammelspring
Etashof
Dargersdorf
Bollwinfließ
Bollwinsee
Befahrung ganzjährig verboten
(Biosphärenreservat Schorfheide)
Polsensee
Gollin
Gut Gollin
Havel
Schulzenfließ
flache Sumpfseen, bei Kenterung !!!
Kl. Wokuhlsee
Gr.Wokuhlsee
Krempfließ
Krempsee
Bäßdorf
Storkow
Vietmannsdorfer Graben
Vietmannsdorf
Befahrung ganzjährig verboten
69
70

12
vom 1.3. bis 30.6. gesperrt
Campingplatz Dannenberg
Wohnmobilplatz am Thielenburger See
DANNENBERG
im Sommer zugewachsen
Alte Jeetzel
Mühlenjeetzel
Jeetzel
1 km/h
16m
<0,5 km/h
10m
2m
Bayrisches Wirtshaus im Hotel zur Landdrostei
Wehr meist offen /ggf.
Kupernitzkanal
1 km/h
14m
Jeetzel-Kanal im Sommer für Ruderer mühsam (Kraut); eintönig, eingedeicht
evtl.offen/ ,sonst re.
<0,5 km/h
10m
<0,5 km/h
7m
Alte Jeetzel landschaftlich sehr ansprechend, Ufergehölze, fast stromlos. Als Rundkurs gut geeignet (bei hohem Wst. Kanal abwärts und Alte J. aufwärts, im Sommer bei NW auch andersherum: Kanalstrecke mit Rückenwind wählen
Jeetzel-Kanal
18-20m
1-2 km/h
Lucie-Kanal
Ranzaukanal
Klärani.
Düker
Lübeln
Freilichtmuseum
Lübelner Mühlenbach
Gühlitzer Mühlenbach
LÜCHOW
Lüchow
B248
Bergstr.
Wehr
Wehr, hier li., über 300m
Königshorster Kanal
18-20m
Neue Dumme
Wustrow
15m
sehr flach
, li.
Pisselberg
Streetz
Riskau
Tripkau
Lüggau
Breese in der Marsch
Gümse
Sipnitz
Cacher
Quickborn
Nebenstedt
Seybruch
Splietau
Klein-Gusborn
Thunpadel
Schmarsau
Karwitz
Prisser
Schaafhsn.
Riekau
Tramm
Bückau
Prabstorf
Liepehöfen
Klein Heide
Groß Heide
Soven
Siemen
Neu Tramm
Breese im Bruche
Zadrau
Hoheluft
Mehlfien
Volkfien
Jameln
Jamelner Mühle
Breselenzer Bach
Langenhorst
Krammühle
Breselenz
Teichlosen
Grabower Mühlenbach
Weitsche
Segelflugplatz
Klein-witzeetze
Krummasel
Beutower Mühle
Karmitz
Beutow
Grabow
Rehbeck
Seerau
Marlin
Zebelin
Lüsen
Gollau
Künsche
Göttien
Müggenburg
Drawehner Jeetzel
Tarmitz
Küsten
Plate
Diahren
Süthen
Naulitz
Gühlitz
Meuchefitz
Schwiepke
Seerau i.D.
Satemin
Reetze
Jeetzel
Loge
Woltersdorf
Jabel
Püggen
Kremlin
Zeetze
Ganse
Lensian
Reddebeitz
Saaße
Köhlen
Neritz
Klennow
Banneick
Bösel
Mammoissel
Güstritz
Dolgow
Schreyahn
Steine
Königshorst
Rebenstorf
Bülitz
Luckau
Beesem
Nauden
Kussebode
15m
Lucie
© 2012: Jübermann-Verlag, Uelzen

Atlas/Karte-Nr. fortlaufende Nr.	Gewässer	Typ	Name, Anschrift	Telefon (⌂= ☎-Bootshaus)	Winterpause	Zelte (Distanz Δ zum Ufer)	LuMa-Lager...	Einsetzen	Y-Liegeplätze	Fäkalienentsorgung	Wasser am Steg	Strom am Steg	PKW abstellen	Wohnwagen	große Gruppen	Sanitär	Lebensmittel (Entfernung in (m))	Gastronomie (Entfernung in (m))	Sonstiges
TA6-07-1	Elbe –km 350,6	Y	Wassersportgemeinschaft Rogätz Magdeburger Str. 11, 39326 Rogätz	Hafenmeister: 03 92 08 - 2 35 01	Okt-März	○	○	●	3-4	○	●	●	●	○	○	◐	○ 800	○ 200	Vorher anmelden, Tankstelle 12km,
TA6-07-2	Elbe	K	SC Kanu Rogätz Steinortstr. 41a, 39326 Rogätz	03 92 08-2 36 02 (oder -2 45 27)	keine	●	5*	◐	○	○	○	○	◐	>5	●	◐	○ 1000 Bäcker: 400	○ 500	*Nach Absprache, evtl. +Küchenbenutzung
TA6-07-3	Niegripper Altkanal	KY Si	SG Niegripp, Hauptstr. 1 d, 39291 Niegripp	Günter Leue: 0177-7 68 45 06	Jan+Feb		evtl*	◐	2	○	●	●	○	○	○	◐	○ 600	● (ab 11°°)	*nur nach Anmeldung, www.sportgemeinschaft-niegripp.de
TA6-07-4	Elbe-Havel-K.	KR Y	Wassersportfreunde Burg, Am Kanal 20a, 39288 Burg Segeln: Axel Stanke, ☎ 03921-98 89 74	Hafenm. 0 39 21-37 40 Mobil: 01 51 - 50 57 49 08	keine	5	○	● Slip	5- 10*	○	●	●	●	3-4	○	◐	○ 1000	●(ab 16°°) Sa.So: 14°°	*Kopfstege, Rudern: ☎ 0 39 21 - 98 79 86, Kanu: Christa Fanselow, ☎ 0 39 21 / 98 46 96 www.wsf-burg-segeln.de
TA6-07-5	Niegr.Altkanal	Y	TuS Empor Burg, Zerbster Chaussee 21, 39288 Burg Sommerhafen (z.T. auch für Winterhafen am EHKan.)	0 39 21- 98 35 26 Mobil: 0172 - 9 81 46 45	Okt.- Mitte April	10- 15	15	◐	>5	◐	●	●	●	2-3	●	◐	○ 1500	○ 500	Erreichbar mit Tiefg.1,60m, Höhe 4m (Brückenpegel) Slip nur am EHKan. www.tusempor-burg.de
TA6-08-1	Elbe	Y	Tangermünder TWV Bootshaus am Hafen, 39590 Tangermünde	0160-281 44 08	16.10.- 18.3.	20	○	●*	>10	●	●	●	●	2	●	●-◐	○ 900	◐ 300	*Slip 10l, Tankstelle ca. 600m, Grillplatz www.tangermuender-wassersportverein.de
TA6-08-2	Elbe	R	Tangermünder RC, Stendaler Str. 55 b, 39590Tangermünde	03 93 22-459 40, Kasten Eggert: 0173-6167654	keine	5-7	30	●	○				◐●	○	●	●	○ 900	○ 300	Übernachtung auch für 🚲 und Kanuten www.tangermuender-ruderclub.de
TA6-08-3	Elbe km 403,6	Y	Sportboothafen Arneburg Gemeinde Arneburg, Breite Str. 15, 39569 Arneburg	Hafenmeister 01 62 - 1 93 19 30	Nov- März	10	○	● Slip	31	●	●	●	◐	5-6	◐	●	○ 300	●	Wassertankstelle (B+D), (Ⓦ)
TA6-09-1	untere Havel	K	Havelberger WSV, Herbert Luksch, Havelstr. 59, 39539 Havelberg	03 93 87 - 8 09 95 01 62 - 9 70 48 94	Okt.-März	20	30	●	○				◐●	4*	◐	◐	◐ nebenan auf ⛺	○ 600	* nur für DKV-Mitglieder, 🚲 www.havelberger-wassersportverein.de
TA6-09-2	untere Havel	R	Ruderriege Havelberg (RHV), Spülinsel 4, 39539 Havelberg	Joachim Hedant 0171 / 3 53 85 45	keine	8	8*	●	○				◐●	○	◐	◐	○ 1000	○ 600	* + zwei ▲▲ (= 15 Betten) Vermietung von Sportruderbooten www.ruderriege-hv.de
TA6-09-3	untere Havel	⛺+ Y⛺	Campingplatz Havelberg Havelberger Inseltouristik GmbH, Spülinsel 6, 39539 Havelberg	03 93 87-20 655 Hafen:01 63 - 3 93 87 02	Nov.- März	●	*	●	80	●			◐●	●	●	●	◐ 500	●	*FeWo, Minigolf, Charter, 🚲, WoMo-Platz, www.campinginsel-havelberg.de
TA6-09-4	untere Havel	Δ	Erlebnisbädagog.Centr. Havelberg (ELCH), Schulstr. 1-2, 39539 Havelberg	03 93 87-793-25 /-26	Nov.- März	○	55	◐	○				◐	○	●	●	●	◐ 150	🚲 www.integral-ggmbh.de
TA6-10-1	Elbe	YK	WSV Wittenberge, Dorfstr.12, 19322 Garsedow, ☎Ruth Wiebeck:	03877-40 30 96 oder -40 51 66	keine	>50	50*	●	6	○	●	○	◐	>10	●	◐	○ 3000	◐ auch Frühstück	*+10 Betten in 5 Zi., Slip, 🚲 www.wsv-wittenberge.de
TA6-10-2	Elbe	Y ⛺	Marina Nedwighafen, Restaurant zum Fährmann: Elbstr. 65, 19322 Wittenberge	0 38 77-7 51 25 Hafenm.0152- 090 80 856	Nov.- März	20	○	●	>25	●	●	●	◐	●	●	●	●(100)	●	Wassertankstelle (D+B), Wohnmobilplatz
TA6-10-3	Elbe	Y ⛺	Bootsclub Cumlosen, Wolfgang Barow, Motricher Str. 8, 19322 Cumlosen	03 87 94- 3 02 26	Okt.-März	●*	○	●	10	◐	●	●	◐	4	●	◐	○ 8000	○ 1300	*>200m zum Wasser, www.cumloson.de/bootsclub/bcc.htm
TA6 10-4	Elbe	Y	Verein .Schnackenburger Bootsfreunde, An der Brücke 1, 29403 Schnackenburg	0 58 46- 13 14	Okt.- März	5 (75m)	20	◐	10	○	●	●	◐	○	○	○	○ 12000	●	Küchenbenutzung, http://vsb-schnackenburg.beepworld.de
TA6-11-1	Elbe	Y⛺	Motor-u.YC Lenzen, Lenzener Str. 13, 19309 Mödlich	030792 7321	Okt.-März	○*	○	●	40				◐	◐	●	●	○ 2000	●	Ⓦ, 🚲, **am Hafenende außerhalb Verein nur Biwak*
TA6-11-2	Elbe	Y	Hafen Gorleben, Gemeindeverw., Ringstr.9, 29475 Gorleben	Hafenmeister Hr. Popko: 01 71- 460 12 69	Nov- März	>10	○	◐*	5	○	●	●	◐	5x WoMo	○	◐	∩ 700 Bäcker 300	○ 200	*Slip an der Elbe, Küchenbenutzung
TA6-11-3	Elde-Müritz-W	K	Dömitzer KV, Frank Engelmann, Schusterstr. 15, 19303 Dömitz	03 87 58-2 43 69	Okt.-März	6-8	○	◐	○				◐	○	○	nurTC	○ 300	○ 300	www.kanu-doemitz.de
TA6-11-4	Elde-Müritz-W	Y⛺	MYC Dömitz, Mühlenstr. 9a, 19303 Dömitz	038758/24092					10	○	●	●					○ 100	○ 600	1,80m Tiefg., www.myc-doemitz.de
TA6-11-5	Elde-Müritz-W	Y	Panorama-Café Dömitz, Hafenplatz, 19303 Dömitz	Hfnm.:01 73 - 9 76 14 36		10		◐*	16	○	●	●			○	●	○ 400	●	*steiler Slip
TA6-11-6	Elde-Müritz W	Y	Wasserwander-Zentrum Dömitz, Elbeweg 31, 19303 Dömitz	Hafenm. 0151-520 190 20	Nov-März	30	○	◐●	30	○	●	●	●	40	●	◐	○ 500*	○ 500	*Bäcker 250, 1,50m Tiefg., Tankstelle (Diesel)
TA6-12-1	Elbe	Y	MBC 509 Damnatz, Penkefitz 102, 29451 Dannenberg	0 58 61 - 78 58		-		◐●	◐●				◐			Keine	○	○	Wasserwanderrastplatz, aber keine Sani (evtl. Dixi-)
TA6-12-2	Elbe	Y	MYC Hitzacker, An der Alten Jeetzel 3, 29456 Hitzacker	0 58 62 - 16 66	Okt-Apr	10	○	Slip 8 t	50	○	●	●	◐	WoMo nebenan	○	●	●	●	Tankst. 1500m (Tankservice), Hafenm. 058 62/ 87 05 oder 01 71/436 39 02
TA6-13-1	Elbe km 534,5	⛺	Campingpl. Elbufer, Elbuferstr. 141, 29490 Klein Kühren,	0 58 53-2 56	keine	●	○	◐	○				◐●	30	◐●	◐	◇	●	direkt an Elbe, Ⓦ, www.campingplatz-elbufer.de
TA6-13-2	Elbe	Y	Hafen Neu Darchau					●	●			●		WoMo					Hafenmeister: Heinz Kastens 01 62 - 8 08 64 34

Atlas/Karte-Nr. fortlaufende Nr.	Gewässer	Typ	Name, Anschrift	Telefon (⌂= ☎-Bootshaus)	Winterpause	Zelte Distanz ∆ zum Ufer	LuMa-Lager...	Einsetzen	Y-Liegeplätze	Fäkalienentsorgung	Wasser am Steg	Strom am Steg	PKW abstellen	Wohnwagen	große Gruppen	Sanitär	Lebensmittel -Entfernung in (m)	Gastronomie -Entfernung in (m)	Sonstiges
TA6-13-3	Elbe	Y	SSV Alt Garge, Am Wasser, 21354 Bleckede, OT Alt Garge	Georg Dieckmann 0171 - 6449021	Nov-Mär	40 *	4 Betten	● 7m	ja	○	●	●	○*	○	●	◐	○ 800	○ 1000	*Nach Absprache, 🚲
TA6-13-4	Elbe km 550	Y	Verein Bleckeder Bootsfreunde Kontakt über: Erhard Rahmsdorf, Groß Hesebeck 16, 29549 Bad Bevensen ☎ 0 58 21- 26 28	Hafenmeister 0 15 22 - 9 96 27 22	15.10. – 14. 4.	2-3	○	●*	10	●	●	●	●	○	○	●	○ 500	○ 600	Tankstelle (D)-anmelden!, 🚲, * Slip an der Fähre www.vbb-bleckede.de
TA6-14-1	Elbe km 555	⛺	Camping Elbeling, Am Deich 9, 21354 Bleckede-OT. Radegast	0 58 57-5 55	keine	●	◐*	◐	○				●	70	◐	◐	◐ 6000	◐	*1 FeWo, 2x 🚐, 🚲, www.elbeling.com
TA6-14-2	Elbe	Y	Boizenburger SV, Am Fährgraben 5, 19258 Boizenburg	Hafenm. 01 73- 41 701 69 01 72- 497 23 21	Nov-März	2-3	○	●	10-15*	○	●	●	◐	○	○	◐●+	○ 300	○ 250	Tiefg. Ca. 1,50m, nächste Tankstelle 2500m
TA6-14-3	Elbe	⛺	Campingplatz Grünendeich, Grünen Deich 2 , 21354 Bleckede OT Wendewisch (! evtl. Betreiberwechsel , Angaben unsicher)	0 58 57-2 48	?	●*	?	●*	50				?	?	?	?	●	●	* 350m vom Yachthfn. zum ⛺, Slip, www.campingplatz-gruenendeich.de
TA6-14-4	Elbe	Y	Wassersportfreunde Hohnstorf, 21522 Hohnstorf	041 53- 47 09 oder 01 70-9 24 53 51	15.10.- 15.4.	10	○	○	0-2	○	○	●	◐	○	○	○**	○ 500m	○ 50m	*1,5-2m Tiefg., **Sanitär 50m im Restaurant (Mo.Ruhetag)
TA6-14-5	Elbe km 570,2	RK	Rudergesellschaft Lauenburg, Am Kuhgrund 6, 21481 Lauenb. 1.Vors. Hermann Plagemann, ☎ 04153-2937	Club-Gaststätte: 041 53- 22 36	keine	10	30	●	○	○	○	○	◐	○	◐●	◐●	○ 1000m	◐* 1000m	*Essen nach Anmeldung, auch Frühstück, Fr.+Sa. Ruhetag, www.ruder-gesellschaft-lauenburg.de
TA6-14-6	Elbe-Lübeck-Kanal	Y	Yachthafen Lauenburg, Hafenstr. 14b, 21481 Lauenburg	Hafenmeisterin: 0171-811 21 85	keine	10	1 App 1 FeWo	● Slip	20*	○	●	●	◐	10	○	●	○ 800m	●	*4m Tiefg., Bootstankstelle-(D)l, Bootszubehör-Shop 100m, Gaststätte: 04 153-59 83 888, Frühstück, Ⓦ
TA6-14-7	Elbe-Lübeck-Kanal	Y	Wassersportclub Lauenburg, Hafenstr. 25, 21481 Lauenburg 1. Vors.: Ernst Wilhelm Schulze, 0175-8514809	Tel.Hafenmeister Siehe Web	Nov.-März	10	○	●	6-7 1,8m	○	●	●	●	○	○	●	○ 800m	◐ 400m	* 1,80m Tiefg., , 🚲, Grill-Pavillon, www.wsc-lauenburg.de
TA6-14-8	Elbe-Lübeck-Kanal	⛺	Camping am Lanzer See, Am Lanzer See 1, 21483 Basedow	04153-599 171	Nov-März	● 5-50m	○	◐	1	◐	◐	◐	◐●	●	●	◐	◐ 7700m	●	▣ für K an der Badestelle im See, Ⓦ, www.camping-lanzer-see.de
TA6-14-9	Elbe-Lübeck-Kanal	⛺	Campingplatz Forellensee, Forellensee 1, 21514 Witzeetze	04155-2420	keine	● 30m	○*	●	○	●	○	○	●	15	●	●	◐ 4600m	●	kleiner Slip + Kanusteg, *Fremdenzi (6 Betten), Ⓦ, 🚲, www.camping-forellensee.de
TA6-14-10	Elbe-Lübeck-Kanal	⛺	Campingplatz Zur Fähre, Zur Fähre 10, 21514 Fitzen	04155- 80 81 86 5	keine	35 20m	4 FeWo	●	○	○	○	○	○	20	◐	◐	○ 6300m	●*	*Restaurant hat Winterpause, www.zur-faehre.de
TA6-15-1	Elbe-Lübeck-Kanal	⛺	Freizeitwelt Güster, 21514 Güster	Hafenmeister 0 41 58 - 4 97	keine	>20* 10m	○**	◐●	50	◐	●	●	◐	●	●*	●	◐ 2500m	●	*Gruppen anmelden, **🚐, Ⓦ,Grillhütte, Einfahrt-Brückenhöhe 4,30m, www.freizeitwelt-guester.de
TA6-15-2	Ziegelsee	Y	WSV Mölln v. 1925, Ulrich Pravitt, Kerschenst.Str. 1, 23879 Mölln	Hafenm.: 045 42-14 66	Nov-März	○	○	●*	>30	○	●	●	◐	○	○	◐	○ 300m	○ 100m	*Slip im Hafen nebenan
TA6-15-3	Ziegelsee	R	Möllner Ruderclub, Caris Treske, Brachvogelweg, 23879 Möln	0 45 42 - 82 17 50	Nov.-März	5	20	●	○	○	○	○	◐*	○	◐	◐	○ 400m	○ 400m	*nur mit Anmeldung, ☎-⌂: 0 45 42 - 14 74 www.moellner-rc.de
TA6-15-4	Ziegelsee	Y	Möllner Motorboot-Club, Am Ziegelsee, 23879 Mölln, Tel: 04151-4334	Hafenmeister 0 45 42 - 25 96	1.10.- 30.4.	1	○	○	10	○	●	●	●	○	○	◐	○ 2000	○ 1700	Ⓦ, 🚲, www.mmc-moelln.de
TA6-15-5	Salemer See	△	Jugendheim Salem, Maike Kussin, Silberberg 19-23, 23911 Salem	0 45 41-8 25 45	Im Winter Auf Anfr.	●	61*	○ 200m	○				●	10	●	●	○ 300 Kiosk 100	●	*61 Betten, Grillplatz, Spielplatz, Ψ(300m) www.jugendheim-salem.de
TA6-15-6	Salemer See	⛺	Campingplatz Salemer See, Herr Martens, 23911 Salem	0 45 41-8 25 54	Nov-März	●	○*	●	○				●	●	●	◐	◐ Hofladen	◐	10x 🚐 www.camping-salem.de
TA6-15-7	Phulsee	⛺	Schaalseecamp, An der Piperseebrücke, 23885 Sterley	0 45 01 - 4 12	15.10.-14.4.	●	*	●	○				●	30	●	○	○ 4000m	●	*Groß-Tipi, Planwagen, Ψ, 🚲, www.kanucenter.de
TA6-15-8	Lütauer See	⛺	Campingplatz am Lütauer See, Am Lütauer See 6, 23883 Lehmrade	0 4 54 2-22 70	keine	● 50-400m	○	◐	○				◐	●	●	◐	●	●	Ⓦ www.camping-moelln.de
TA6-16-1	Küchensee	R	Ratzeburger RC, Kastanienallee 5, 23909 Ratzeburg	0 45 41-41 20		>30	○	●	○	○	○	○	◐	○	●	◐	○ 50m	○ 500m	DRV-Ruderboot-Vermietung, www.rrc-online.de
TA6-16-2	Küchensee	K	Ratzeb. KC, Dieter Fröhling, Lübecker Str. 15, 23909 Ratzeburg	0 45 41 - 41 57	keine	10	>15	◐	○	○	○	○	◐	○*	●	◐	○ 400m	○ 500m	*WoMo-Platz 300m entfernt, www.ratzeburgerkc.de
TA6-16-3	Domsee	Ψ	Morgenroth' Bootsvermietung, Königsdamm 3a, 23909 Ratzeburg	0 45 41 - 8 32 00	15.12.- 28.2.	○	10*	●	4**	○	◐	●	◐	○	○	◐	○ 300m	○ 100m	*Gästezimmer (4 Betten) + 6 Kojen an Bord, **Segelboote, Ψ, www.segelschulemorgenroth.de
TA6-16-4	Ratzeburger See	⛺	Campingplatz Schwalkenberg, 23909 Römnitz	0 45 41 - 75 66	11.Nov.- 31.März	●	6*	◐	10**	○	○	○	◐	●	●	●	○ 2000m	○ 200m	Ⓦ, *3 Zimmer à 2 Pers., ** für Segelboote www.camping-ratzeburger-see.de
TA6-16-5	Ratzeburger See	⛺	Campingplatz "Zur schönen Aussicht", Familie Franke, Dorfstraße 3, 23909 Römnitz	0 45 41- 33 48	Nov.-März	12	○	●	3-4*	●	○	●	●	5	◐	◐	○ 3000m	○ 50m	*Segelboote, www.camping-ratzeburg.de
TA6-16-6	Ratzeb. See	⛺	Campingplatz Forsthaus Kalkhütte, 32909 Ratzeburg	0 45 41 - 55 75	Jan-Feb	20 *	○	●	◐**	○	○	○	●	20	○	●	○ 4000m	○	*20-200m, ** Segelboote, www.kalkhuette.de

Atlas/Karte-Nr. fortlaufende Nr.	Gewässer	Typ	Name, Anschrift	Telefon (⌂= ☎-Bootshaus)	Winterpause	Zelte Distanz Δ zum Ufer	LuMa-Lager...	Einsetzen	Y-Liegeplätze	Fäkalienentsorgung	Wasser am Steg	Strom am Steg	PKW abstellen	Wohnwagen	große Gruppen	Sanitär	Lebensmittel -Entfernung in (m)	Gastronomie -Entfernung in (m)	Sonstiges
TA6-16-7	Ratzeb. See	⛺	Campingplatz Buchholz, Am Campingplatz 1, 23911 Buchholz / Herzogtum Lauenburg	0 45 41 - 42 55	Okt-März	**25** 10-15m	○*	●	**6****	○	○	○	◐●	**40**	●	◐●	○ 5000m	●	*3x🚐, ⓦ, Frühstück, 🍴, (🚲), W-Lan, www.naturcampingbuchholz.de
TA6-16-8	Wakenitz	△	Jugendheim Rothenhusen, 23627 Groß Sarau Siegfried Maczeyzik u. Gaby Troch	0 45 09 - 83 15	keine	●	28*	◐	○	○	○	○	◐●	○	●	◐	◐ 3000m	●	*28 Betten www.lkv-luebeck.de
TA6-16-9	Wakenitz	KY	Lübecker Kanu-u. Segelsportverein, Gst.: Dorotheenstr. 38 B - 23564 Lübeck, Bootshauswart Eberhard Müller 0451-69 08 70	Clubrestaurant: 04 51 - 8 89 88 92	Okt.-Apr.	**15**	15	●	**30***	○	◐	◐	◐	○	◐	○	○ 500m	●	*Segelboote, (🍴 200m), www.lkv-luebeck.de
TA6-16-10	Trave	YK	Lachswehr-Wasserfahrer Lübeck, Peter Pagel, Thomas-Mann-Str. 3, 23564 Lübeck	04 51 - 6 78 51		**5**	5	●	**>3*** 1,5m				○	**2**	○	●	○ 800m	○ 800m	*Zufahrt: Brückenhöhe 3,70m
TA6-16-11	Trave	R	Lübecker RK + Frauen-RK, Charlottenstr. 33, 23560 Lübeck	04 51 - 4 99 39 64		**10**	15	◐	○	○	○	○		○		◐		◐*	*Essen nach Anmeldung www.luebecker-ruderclub.de
TA6-16-12	Trave	R	Lübecker RG + Frauen-RG, Hüxtertorallee 4, 23564 Lübeck	*Gst. 04 51 - 3 90 27 02		○	10	◐	○	○	○	○	◐	○	○	◐	○ 800m	●	*☎ Gst. nachmittags
TA6-17-1	Wakenitz	K KSi	Verein für Kanusport Lübeck, Falkenstr. 58, 23564 Lübeck	Lutz Stender 04 51 - 59 47 78 (20-22°°)	keine	**30**	40	◐	○	○	○	○	◐	**5***	●	●	○ 500m	○ 150m	*🚐 max 2,20m breit, Voranmeldung sinnvoll
TA6-17-2	Trave	Y	Hansa-Marina Lübeck, An der Untertrave 84, 23554 Lübeck	Hafenmeister Herr Neugen 04 51 - 29 63 08 78	keine	○	○	○	●	○	●	●	◐	○	○	◐	○ 500m	●	Mitglied im Hafenverbund BalticSailing, www.hansa-marina.de
TA6-17-3	Trave	Y	Stettiner YC-Lübeck, Zur Teerhofsinsel 5c, 23554 Lübeck	Hafenmeister 04 51 - 2 58 88		-	-	●*	●	○	●	●	●	-	○	●	○ 800m	○ 800m	*Kran bis 7,4t u. Trailer-Slip; www.styc.de
TA6-17-4	Trave	Y ⛵	Trave-Marina, Traveweg 5a, 23569 Lübeck	04 51 - 2 03 63 56, 01 72 - 4 14 34 73		○	○	●	**4** 15m	○	●	●	●	○	○	◐	○ 800m	○ 800m	www.travemarina.de
TA6-17-5	Trave	Y⛵	Marina Schlutup Sea-Site GmbH, Fabrikstr. 2-4, 23568 Lübeck	0451 - 692 62 66		-	-	○	●	○	●	●	◐	-	○	●	○ 1800m	●	www.marina-schlutup.de
TA6-17-6	Trave	Y	Marina Baltica Hafenmeister:	01 70 - 4 48 90 03	-	-	-	●	●	○	●	●	●	-	○	●	300m	●	W-Lan; www.marina-baltica.com
TA6-17-7	Trave	Y	Böbs-Werft GmbH, Travemünder Landstr. 302-304, 23570 Lübeck-Travemünde	0 45 02 - 50 51 01 75 - 642 62 04	Nov-März	○	○	●*	●	○	●	●		○	○	◐	○ 500m	200m	W-Lan www.boebs-werft.de
TA6-17-8	Trave	Y	Yachtclub Fischereihafen Travemünde, Auf dem Baggersand 15, 23540 Travemünde	0 45 02 - 21 25 (8°°-11°°/16-19°°)	Nov-März	○	○	○ (nebenan)	4	◐	●	●	○	-	○	◐	○ 100m	●	W-Lan www.yachtclub-fischereihafen.de
TA6-17-9	Trave	K	VKL-Lübeck-Zeltplatz Privall, Kurt Malner, Travemannstr. 31-33, 23654 Lübeck	04 51 - 79 45 70		● 30m	○	○	○	○	○	○	◐	○	●	●*	○ 800m	○ 550m	*Sanitär im Hafen 500m
TA6 17-10	Trave	Y	Passathafen, Am Privallhafen 10, 23570 Travemünde Hafenmeister:	0 45 02 -63 96		○	Gäste -haus	● Jollen	●	●*	●*	●*	◐	○	◐	●	◐	●	*nur im Sommer, ** Bäcker 500m, viele Einkaufsmöglichkeiten auf der anderen Trave-Seite
TA6-17-11	Trave	Y	Lübecker Yacht-Club Hafenmeister:	0 45 02 – 7 55 51	Nov-Apr	○	○	○	●	○	●	●	◐	○	○	●	○ 500m	●	Schwell durch Großschifffahrt, www.lyc.de
TA6-18-1	Boltenhagener Bucht	⛺	Regenbogen Resort Boltenhagen, Ostseeallee 54, 23946 Ostseebad Boltenhagen, www.regenbogen.ag	03 88 25-4 22 22	keine	●*	○ **	○	○				◐	●	●	●	●	●	* ca. 500m vom Strand, **ca 50 Ferienhäuser, Sauna, Solarium, Tennis, Volleyball, Badminton, 🚲, Kosmetik
TA6-19-1	Wohlen-berger Wiek	⛺	Campingplatz in Niendorf, Strandstr. 21, 23968 Hohenkirchen OT Niendorf	03 84 28-6 02 22	15.10.-30.3.	**>30***	● **	○	○				◐●	**>30**	●	◐●	◐	●	*80m zum Wasser, ** FeWo-Anlage nebenan, 🚲, ⓦ, Sauna, www.camping-meckpom.de
TA6-19-2	Wohlen-berger Wiek	⛺	Campingplatz Wohlenberger Wiek- "Liebeslaube" Gramkow, 23968 Gramkow	03 84 28-6 02 19	15.10.-15.4.	●*	● **	◐	○				○	●	○	◐	●	●	*150m zum Wasser (30mSand), **10x FeWo, www.campingplatz-liebeslaube.de
TA6-19-3	Wohlen-berger Wiek	⛺	Ostseecamping Beckerwitzer Strand, Ostseestraße 10 23968 Beckerwitz	03 84 28-6 02 65	15.10.-März	**20** 50m	○*	◐	○				●	**10**	○	◐	◐ 2000	○ 2000	*5x🚐, ⓦ, www.ostseecampingbeckerwitz.de
TA6-19-4	Wismarbucht	⛺	Ostsee Camping Zierow, Strandstr. 19c, 23968 Zierow	03 84 28 - 6 38 20	-keine-	●*	●**	◐	○				◐	●	●	●	● nicht im Winter	● nicht im Winter	*150m, ** 16x4 FeWo bzw. 🚐, 🚲, Hundeverbot in der Hauptsaison, www.ostsee-camping.de
TA6-19-5	Wismarbucht	K+Y KSi	TSG Wismar, Abt. Kanu, Wassersporthfn.Seebad Wendorf, Zum Yachthafen 6, 23968 Wismar	01 73-9 77 92 05	-keine-	●	14*	◐	◐**	○	●	●	●	**10**	●	◐	○ 500	○ 50	*14 Betten in Schlafraum, **auf Anfrage, Slip beim Nachbarverein
TA6-19-6	Wismarbucht	Y	Yachtclub Wismar Hafenmeister Yachthfn. Wismar-Wendorf, 23968 Wismar	0 38 41-63 55 10 (8-10°°/18-20°°)	1.11.-1.4.	○*	○*	● Slip 10t	**20**	○	●	●	○	○	○	●	○ 450	● Mo.Ruhetag	*nebenan bei Kanuten, Segelschule, W-Lan, 🚲, www.ycwismar.de
TA6-19-7	Wismarbucht	Y	Wismarer Seglerverein Spinnakerweg 1, 23968 Wismar	Hafenm. 0174-197 46 80	-keine-	**10**	20	● kl.Trailerbahn	**30***	○	●	●	●	**5**	●	◐●	○ 800	○ 800	* max Tiefg. 1,80m, www.wsv1911.de
TA6-19-8	Wismarbucht	Y ⛵	Wismarer Westhafen, Alter Holzhafen Lagerstr. 2, 23966 Wismar	0 38 41 - 22 44 91	-keine-	○	○*	○ Kranservice 3/24t	**>7**	●	●	●	●◐	○	○	●	○ 400	◐ Café Restaurant400m	*3 Gästezimmer, Grillplatz, 🚲, Waschm.,Trockner, Reparaturservice, W-Lan, www.westhafen.net

Atlas/Karte-Nr. fortlaufende Nr.	Gewässer	Typ	Name, Anschrift	Telefon (⌂= ☎-Bootshaus)	Winterpause	Zelte Distanz Δ zum Ufer	LuMa-Lager...	Einsetzen	Y-Liegeplätze	Fäkalienentsorgung	Wasser am Steg	Strom am Steg	PKW abstellen	Wohnwagen	große Gruppen	Sanitär	Lebensmittel -Entfernung in (m)	Gastronomie -Entfernung in (m)	Sonstiges
TA6-19-9	Insel Poel	⛺	Campingplatz Leuchtturm, Lotsenstieg 25, 23999 Timmendorf-Strand /Insel Poel	03 84 25-2 02 24	1.11.-30.3.	● 100m	○	○	○*				◐	●	●	◐	●	○ 300	*im Hafen ●, Ⓦ, 🚲-1km, FKK-Bereich, www.campingplatz-leuchtturm.com
TA6-19-10	Insel Poel	Y	Hafen Timmendorf, 23999 Timmendorf – Insel Poel	Hafenm. 03 84 25-212 33	Nov-März	○	○	◐ für K	50*	○	●	●	◐	◐**	○	●	◐ 200(⛺)	●	*Tiefg. 1,3-2,40m, **Wohnmobilplatz, 🚲, Grillplatz
TA6-20-1	Salzhaff	⛺	Campingplatz Möwe, 23974 Boiensdorf Werder/Ostsee	03 84 27-2 19	1.10.-1.4.	●*	●**	◐	○				◐	●	○	◐	◐8000	●	*>200m zum Strand auf Trailerweg, **8x🏠, Ⓦ
TA6-20-2	Salzhaff	⛺	Ostseecamping "Am Salzhaff", Seeweg 1, 18233 Pepelow	03 82 94-7 86 86	-keine-	●*	●**	◐	○				●	●	●	●	●	◐ +Restaurant geplant	*direkt am Wasser(<40m), **6x🏠🏠, Ⓦ, 🚲, Surfschule, www.campingtour-mv.de/pepelow
TA6-20-3	Salzhaff	Y	Yachthafen Haffanleger Rerik Seglerverein "Alt-Gaarz",Haffplatz 7, 18230 Rerik	03 82 96 - 7 83 03		○	◐	● Slip	30 2,0m		●	●	◐	○	○	◐			W-Lan, www.svag-rerik.de
TA6-21-1	Ostsee	⛺	Ostseecamp Seeblick, 18230 Rerik-Meschendorf	03 82 96-7 84 80	-keine-	●*	●**	○	○				○	●	●	●	●	●	*Steilküste-100m guter Plattenweg, **40 FeWo, Ⓦ, 🚲, 🛶, W-Lan, Animation, Kino, Wellness,Tauchschule, www.ostseecamp.de
TA6-21-2	Ostsee	⛺	Campingpark Kühlungsborn, Waldstr. 1b, 18225 Kühlungsborn	03 82 93 - 71 95	31.10.-30.3.	●	9*	◐	○				○	●	●	●	● 100	●	* 3 FeWo, Lage im Wald direkt an den Strand angrenzend, www.top-campingplatz.de
TA6-21-3	Ostsee	Y	Yachthafen Kühlungsborn, Fulgen 5, 18225 Kühlungsborn	03 82 93- 4 10 55 Hafenm. 0151-12 11 05 65	Nov-März	○	○	● Slip	200 bis 3,5m	◐	●	●	◐ Gebühr	○		●	○ 300	●	Charter, (W-Lan), 🚲, Tankstelle (D), Yacht- und Bootsservice
TA6-21-4	Ostsee	⛺	Ferien-Camp Börgerende, Deichstraße 16, 18211 Börgerende	03 82 03 - 8 11 26	1.11.-30.3.	●*	○	◐	○				○	●	○	●	●	●	*ca. 180m mit Bootsw., Spielpl., Kinderanimation, 🚲, Sauna, Physiotherapie, www.ostseeferiencamp.de
TA6-22-1	Unterwarnow	K [KSi]	Kanufreunde Rostocker Greif Carsten Wilhelms, Am Strande 8, 18055 Rostock	03 81 - 4 90 51 14 (Di. 17-19°°)	-keine-	15	24*	◐	○				●	○	●	◐	○ 900	●** 700	* 24 Betten, ** für Gruppen nach Voranmeldung, 🛶, www.kanufreunde.de
TA6-22-2	Warnow	K [KSi]	Rostocker KC, Mühlendamm 35 b, 18055 Rostock rostockerkanuclub@gmx.de	03 81-4 90 76 40 Evtl. 🛶 0381-49 23 784	-keine-	20	○	○	○				◐	5	◐	◐	○ 1000	○ 1000	🛶, Kurzaufenthalt bis 3 Nächte rostocker-kanu-club.de
TA6-22-3	Warnow	R	Rostocker RC, Wellenweg 1, 18147 Rostock	Gert Schiller: 03 81 - 68 47 68	-keine-	10	5	◐	○				◐	3	◐	◐	○ 3000	○ 100	Küche, Ruder-🛶, ☎-⌂: 0381-69 92 13 rostockerruderclub.de
TA6-22-4	Ostsee	Y [⛵]	Yachthafen Hohe Düne, Maritime Service GmbH, Hohe Düne, 18119 Warnemünde Tel.: 0381-50 40 800 00	Hafenm: 0381-5040-8080 oder 0151-120 340 34		○	* Hotel	●	●	●	●	●	◐	○	○	●	◐	●	Ⓦ, 🚲, W-Lan, Yachtservice, www.yachthafen-hohe-duene.de
TA6-22-5	Ostsee	⛺	Camping-u.Ferienpark Markgrafenheide, Budentannenweg 2, 18146 Markgrafenheide	03 81 - 6 61 15 10-5	-keine-	● 300m	◐*	○	○				◐	●	●	◐	●	●	*80 Ferienhäuser+ 19 Appartments, Ⓦ, 🚲, (W-Lan), Tennis, Squash, Wellness, www.baltic-freizeit.de
TA6-23-1	Ostsee	⛺	Ostseecamp "Rostocker Heide", 18181 Seeheilbad Graal-Müritz	03 82 06 - 7 75 80	Nov.-Apr	●*	○**	○	○				◐	●	◐***	●	●	●	*:65m, ** 🏠🏠,🏠, ***:nicht in der Hauptsaison, 🚲100m, www.ostseecamp-ferienpark.de
TA6-23-2	Ostsee	⛺	Camping "An den Stranddünen"Waldweg 5, 18347 Dierhagen-Ost	03 82 26 - 8 04 92	Nov.-März	● 150m	○*	○	○				○	●	◐	◐	◐ 2000	●	*6x🏠+ 4 Fewo., 🚲, Ⓦ, Sauna, W-Lan, www.campingplatz-ennen.de
TA6-23-3	Recknitz	R	Ribnitzer SV 1919, Abt. Rudern, Ingo Woyczeszik, Barther Straße 3, 18311 Ribnitz- Damgarten	0 38 21 - 60 68 47 01 72 - 3 81 34 34		>20	○	●	●*				●	1-2	●	◐*	○ 300	○ 150	*im Hafen, 🛶, www.rsv-rudern.de
TA6-23-4	Saaler Bodden	Y	Wasserwanderrastplatz Dierhagen, Wallstraße, 18347 Ostseebad Dierhagen	03 82 26 - 5 37 87 01 70 - 4 51 26 71	Dez-Apr	●	○	●	54 2m	◐	●	●	◐	○*	◐	●	○ 370	●	W-Lan, (🚲), *Wohnmobilplatz
TA6-24-1	SaalerBodden	Y	Hafen Wustrow, Hafenstraße 10, 18347 Wustrow	03 82 20-6 63 65	-keine-	6-7	○*	●**	130**	○	○	●	●	WoMo	○	◐	○ 100	●	*Hotel am Hafen, **Slip bis 2,8t, ***Tiefg. 1,8m
TA6-24-2	SaalerBodden	Y	Hafen Althagen, Hafenweg 6, 18347 Ahrenshoop	03 82 20 - 69 46	Nov-Dez	○	○*	●	28	○	●	●	○	○	○	◐	○ 500	●	*8 Ferienwohungen
TA6-24-3	Saaler Bodden	⛺	Regenbogen-Resort Born, 18375 Born / Darss	03 82 34-2 44	1.11.-31.3.	●*	○	●	○				●	●	●	○	◐ Bäckerei	○ 2000	*<50m, W-Lan, 🚲, Hundeverbot am Strand www.regenbogen-ag.de
TA6-24-4	Koppelstrom	Y [⛵]	Hafen Born, Chausseestr., 18375 Born	Mobil 01 71 – 8 38 09 19 038 234 - 55 433	Nov-März	○*	○	● Trailer	35 1,8m	○	●	●	●	○	○	●	○ 1000	●◐	*Δ für 1 Nacht evtl. möglich, W-Lan, (🚲), Tankst. 1000m
TA6-24-5	Ostsee	⛺	Regenbogen-Resort Prerow, 18375 Ostseebad Prerow	03 82 33-3 31 oder 2 76	-keine-	●	35*	○	○				◐	●	●	◐	● +Bäckerei	3x●	*35 Mietzelte,, Sauna, 🚲, Minigolf, Volleyball, Animation, Surf-+Segelschule,www.regenbogen-ag.de
TA6-24-6	Ostsee	⛺	Meißner´s Sonnen Camp, Villenstraße 3, 18375 Prerow	03 82 33 - 6 01 98	Nov-März			*	●					●					*🏠🏠, 🏠, www.meissners-sonnencamp.de
TA6-25-1	Ostsee	⛺	Camp. am Freesenbruch,Seestr. West, 18374 Ostseebad Zingst	03 82 32-1 57 86	-keine-	●*	○	○	○				○	●		●	●	●	Ⓦ, 🚲, *: 300m
TA6-25-2	Ostsee	⛺	Wellness-Camp, Inselweg 9, 18374 Zingst	03 82 32 - 1 76 17	keine	●	14*	○	○				●	●	●	●	○ 200	●	*14 Appartments, Ⓦ, Sauna, Solarium, Schwimmbad,

Atlas/Karte-Nr. fortlaufende Nr.	Gewässer	Typ	Name, Anschrift	Telefon (⌂= ☎-Bootshaus)	Winterpause	Zelte Distanz Δ zum Ufer	LuMa-Lager...	Einsetzen	Y-Liegeplätze	Fäkalienentsorgung	Wasser am Steg	Strom am Steg	PKW abstellen	Wohnwagen	große Gruppen	Sanitär	Lebensmittel -Entfernung in (m)	Gastronomie -Entfernung in (m)	Sonstiges
TA6-25-3	Ostsee	⛺	Campingplatz der Leipziger VB, Straminke 5, 18374 Zingst	03 82 33 - 1 65 42	Okt-Apr.	35	○	○	○				◐	35	●	○	○ 2000	○ 2200	Ⓦ, 🚲-nebenan www.neue-linie-lvb.de
TA6-25-4	ZingsterStrom	Y	Privathafen Kloss, Werftstr. 4, 18374 Zingst	03 82 32 - 8 04 56	Nov-März	8	○	◐	●	○	◐	●	○	○	○	◐	○ 300	○ 200	für Kanu kleine gute Holztreppe vorhanden
TA6-25-5	Bodstedter Bodden	⛺	Campingplatz Bodstedt, Damm 1c, 18356 Bodstedt	03 82 31-42 26	Nov.-März	●*	◐**	○	○				●***	●	○	◐	○ 300	○ 500	*:ca.400 zum Hfn./ **:Vermittl. 3 Fewo./ ***:nicht in Ferienzeit
TA6-25-6	Zingster Strom	Y Λ	Wasserwanderrastplatz Prerow, Hafenmeister Harry Plotka:	03 82 33 – 6 00 81 0172 - 80 97 653	Nov-März	20 1 Nacht	○	○ 500m	58 2m	○	●	●	◐	○	●	●	○ 150-250	◐ 100	(🚲), W-Lan, Ψ
TA6-25-7	Barther Bodden	Y Λ	Barther Yachservice, Hafenstraße 28, 18356 Barth	03 82 31 - 27 40			*		● bis 3m		●	●	●						5 Floating-Houses, Tankstelle (B+D), Yachtservice, www.barther-yacht-service.de
TA6-26-1	Ostsee	Y	Hafen Barhöft, Am Hafen 13, 18445 Barhöft	03 83 23 - 5 31 01 51-58 50 27 06	keine	5	○	◐ kl.Slip	50	○	●	●	◐	24 WoMos	○	●	●	●	🚲, Ⓦ, Frühstück, Tankstelle (D), Pension+ Hotel am Hafen, www.hafen-barhoeft.de
TA6-27-1	Strelasund	K+R	Stralsunder KC + RC, Hartmut Vogt, Stefan Jonscher, Friedrich-Naumann-Str.5/7 oder Sören Baumeister, Tel.: 03831-394 864		-	15	30	◐	○				●	2	◐	○	○ 1000	●	Hundeverbot, neue Sanitär geplant, Betten im Bhs. 10 www.stralsunder-kanu-club.de
TA6-27-2	Strelasund	YΛ	Citymarina Stralsund, Seestr. 14a, 18439 Stralsund	0 38 31 - 44 49 78	Okt.- März	○	○	●	200	●	●	●	◐*	○	auf Anfr.	●	○ im Ort	○ 200	* parken mit Gebühr, W-Lan, Werftservice, Ⓦ, Charter,
TA6-27-3	Strelasund	Y	Wassersportzentr. Dänholm-Nord,Liebitzweg 22, 18439 Strals.	0 38 31 - 29 78 54	15.10.-15.4.	2	○	●	20*	◐	●	●	●	2	○	◐	○ 2500	●	Slip 3,5t, Kran 10t, www.wszev.de
TA6-27-4	Strelasund	⛺	Sund Camp Altefähr, Am Kurpark 1, 18573 Altefähr	03 83 06 - 7 54 83	keine	●*	○**	○	●**				●	●	◐	◐	◐ 7000	◐, nebenan=●	* 60cm Spuntwand+200m , Ferienhaus + Bungalow, ** im Hafen 4x⌂, 🚿, W-Lan, www.sund-camp.de
TA6-27-5	Strelasund	Y	Marina Neuhof, Am Strelasund 1, 18519 Brandshagen/Heuhof	03 83 28 - 8 53 17		5		●	100				◐		○	●	◐	●	Tankstelle, 🚲, Ⓦ, www.marinaneuhof.eu
TA6-27-6	Strelasund Gustower Wiek	Y	Marina Naturhafen Gustow, Am Yachthafen Drigge, 8574 Gustow	0176 -19 25 96 50, 03 83 07 - 41 99 66	keine	○	○	Kran 20t	●*	●	●	●	●	○	○	●	○	◐	*Wassertiefe 4,50m, Ⓦ, Frühstück,
TA6-28-1	Strelasund	⛺	Campingplatz Stahlbrode, Küstenweg 8 , 18519 Sundhagen OT Stahlbrode	03 83 28 - 8 07 02 03 83 51 2 38		●*	**	○	○					20	●	◐	○	○ 1200	*ca.100m vom Wasser, **Mietbungalows, (Ψ), 🚲, www.naturcamping-stahlbrode.de
TA6-28-2	Rügischer Bodden	⛺	Campingplatz Pritzwald, 18574 Zudar	03 83 04 - 82 91 14 01 71 - 8 28 50 30	1.11.-30.3.	●	*	◐	○**				●	●	●	●	●	●	* Miet-Bungalows + FeWo, Ⓦ, ** Ankerplätze max.1m, www.ruegen-campingplatz-pritzwald.de
TA6-29-1	Schaproder B	⛺	Ostseecamp Suhrendorf, 18569 Suhrendorf auf Ummanz	03 83 05 - 8 22 34	-keine-	20	◐*	◐	○				●	●	◐	●◐	●	●	*: 15x🚿, 🚲, W-Lan,www.ostseecamp-suhrendorf.de
TA6-29-2	Schaproder Bodden	⛺	Campingplatz "Am Schaproder Bodden" Lange Str. 24, 18569 Schaprode	03 83 09 - 12 34	Okt.-März	●	○*	◐	○				○	●	●	◐	●	●	*4x🚿, Ⓦ, 🚲, Streichelzoo, www.campingplatz-schaprode.de
TA6-29-3	Schaproder Bodden	Y	Yachthafen Schaprode, Hafenweg 44 b, 18569 Schaprode, ☎ 038309 - 1209	Hafenmeister: 01 73 - 9 70 16 50	keine	○	○	● Slip	45 2,5m	●	●	●	●◐	○	●	●	○ 700	● (50m)	Tankstelle (D+B), Yachtservice, Charter, (🚲), www.hafen-schaprode.de
TA6-30-1	Wieker Bodden	Y	Wittower Segelverein Dranske Michael Heese, Am Ufer 16, 18556 Dranske	03 83 91 - 83 27	-keine	6	○	◐	>10	○	●	●	◐	1	○	◐○	○ 500	○ 300	www.wittow-segeln.de
TA6-30-2	Wieker Bodden	Y	Marina Wiek/Rügen, Am Hafen 2, 18556 Wiek, Hafenmeister Ingo Heyde: 0174-19 29 726	03 83 91 - 76 97 22	Nov-Feb	○	○*	◐	30**	○	●	●	◐	○	○	●	○ 200	○ 400	*45 Hafenhäuser, **3m Tiefg., Kran 10 t, W-Lan, Waschm., Trockner, 🚲, E-🚲, www.marina-wiek.de
TA6-30-3	Breeger Bodden	Y Λ	Wasserwanderrastplatz Breege, Am Hochzeitsberg 16a 18556 Breege	03 83 91 - 5 79		○		● Slip	30 3m	◐	●	●	◐					●	Tanken (D)
TA6-30-4	Ostsee/ Rügen	⛺	Regenbogen Resort Dranske-Nonnevitz, 18556 Dranske	03 83 91 - 8 90 32	1.11.-31.3.	●*	○**	○	○				●	●	●	●	●	●	*150m, **10 Miet-🚿, Surf Schule, Kat-Segeln, Sauna, 🚲, Spielplätze, Shuttle, Volleyball, Animation, www.regenbogen-ag.de
TA6-30-5	Rügen	⛺	KNAUS Camping- und Ferienhauspark Rügen , Zittkower Weg 30 18556 Altenkirchen	03 83 91 - 43 46 48	Nov-17.12.	●*	○*	◐	○				●	●	◐	◐	◐ 2500	●	*20m, aber Steilufer 8m mit Treppe, **: 3x🚿, 4 Mobilheime, 11 Ferienhäuser, Ⓦ, W-Lan, www.knauscamp.de/Camp_Ruegen.html
TA6-30-6	Rügen	⛺	Freizeitcamp "Am Wasser", Wittower Str. 1-2, 18556 Juliusruh	03 83 91- 4 39 28	-keine-	●*	○	○	○				◐	●	●	●	●	●** 500	*. 250m / **nur i. Hauptsaison , 8🚿, 8 Fewo., 🚲, Ⓦ www.freizeitcampamwasser.m-vp.de
TA6-31-1	Gr.Jasmunder Bodden	⛺	Campingplatz Banzelvitzer Berge, Am Berg 1, 18528 Rappin *(Badewiese nur für Rast, nicht Δ)*	0 38 38- 3 12 48	Nov.-März	30*	○	◐	3**	○	○	○	◐	●	◐	●◐	●	●	14 Fewo+ 6🚿, 🚲, Ψ, *:300m / **60-80cm Tiefg. W-Lan, Kite-Schule,www.camping-insel-ruegen.de
TA6-31-2	Gr.Jasmunder Bodden	Y	Yachthafen Ralswiek, am Hafen, 18528 Ralswiek	0 38 38 - 31 35 53		○			●*	◐	●	●					◐	●	*Tiefg. 0,5-2,5m

Atlas/Karte-Nr. fortlaufende Nr.	Gewässer	Typ	Name, Anschrift	Telefon (⌂= ☎-Bootshaus)	Winterpause	Zelte / Distanz Δ zum Ufer	LuMa-Lager…	Einsetzen	Y-Liegeplätze	Fäkalienentsorgung	Wasser am Steg	Strom am Steg	PKW abstellen	Wohnwagen	große Gruppen	Sanitär	Lebensmittel -Entfernung in (m)	Gastronomie -Entfernung in (m)	Sonstiges
TA6-31-3	Tromper Wiek	Y	Hafen Glowe, Am Königshörn, 18551 Glowe	03 83 02 - 5 34 45	-keine-	5	○	● Slip	60 2,5m	●	●	●	○	○	○	●	○ 700	○ 700	🚲, W-Lan www.hafen-glowe.de
TA6-31-4	Tromper Wiek	Y	Hafen Lohme, 18551 Lohme	Hafenmeister 03 83 02 - 9 09 09	Nov-März	5	○	○	50 2,5m	○	●	●	○	○	○	◐	○ 400*	○ 400*	*+ 190 Treppenstufen, Ⓦ,W-Lan, www.lohme.de/yachthafen/segeln-ostsee.html
TA6-31-5	Prorer Wiek	Y	Marina/Yachthafen Saßnitz Hafenstraße 12 Haus F, 18546 Sassnitz	03 83 92 - 66 15 70		○	○	Kran	●	◐	●	◐ nur wenig Anschlüsse	○	○	○	○			*Sani weit von Liegepl. entfernt, nachts nur Dixi, Tankst. (D)- oft nicht be-Setzt, Hafen bei Y unbeliebt (August.-2012) www.stadthafen-sassnitz.de
TA6-32-1	Kl.Jasmunder Bodden	R	VfL Bergen 94, Abt. Rudern, Wolfgang Kalk, Karlstr. 4, 18528 Bergen	0 38 38-25 60 76 (ab 19°°) 0 38 38-2 22 81	Okt.-März	15	25	◐	○				●	○	●	◐	○ 1500	○ 2500	
TA6-33-1	Ostsee/ Rügen	⛺	Campingzentrum Baabe, 18586 Baabe	03 83 03 - 3 09		●*		○	○						●		●	●	*vom Wasser 100m Sand(Strandzugang Nr. 10-12) +>100m Bootswagen
TA6-33-2	Rügen	⛺	Regenbogen-Resort Göhren, 18586 Göhren	03 83 08 - 9 01 20	1.11.-30.3.	●	60*	○	○				●	●	●	◐●	●	●	*60 Tipis, 🚲, Animation www.regenbogen-ag.de
TA6-33-3	Rügen	⛺	Freizeit-Oase Rügen, Lobbe 32 a, 18586 Middelhagen	03 83 08-23 14	Nov-März	240	○	◐	○				○	●	◐	●	◐ 200	◐ 100	Spielplatz, Beach-Volleyball, Minigolf, 🚲, W-Lan, www.campingruegen.de
TA6-33-4	Rügen	⛺	Camping-Oase Thiessow, Hauptstraße 4, 18586 Thiessow	03 83 08 - 82 26 9-13/15-19°°	Nov-März	320	○	◐	○				○	●	◐	◐	●	●	*>300m zum Ostufer bzw. zum Hafen Thiessow 🚲, W-Lan , www.campingruegen.de
TA6-33-5	Rügen	⛺	Surf-Oase Klein Zicker, Hauptstr. 4, 18586 Thiessow (Rügen)	03 83 08-3 01 25	4.10.-30.4.	●	○	◐	○				◐	40	◐	◐	○ 1000	●*	Ⓦ, 🚲, Surfschule, (* 🍴=☺) www.jebensnet.de
TA6-33-6	Greifswalder Bodden	⛺	Campingplatz Am Bodden, 18586 Gager/Rügen	03 83 08-3 01 99	Nov.-März	●	*	◐	● im Hfn.				◐	25	●	◐	●	◐ 200	* 3x, 4 Bungalows, 🚲, W-Lan www.campingplatz-ruegen.de
TA6-33-7	Greifswalder Bodden	Y	Marina Lauterbach, Am Yachthafen 1, 18581 Lauterbach	03 83 01 - 8 09 0 01 74 - 5 12 75 50	Nov.-März	○	*	●	● 5m	○ nebenan	●	●	●	WoMo-Platz		●	○ 700	●	*56 FeHäuser+Appartments, W-Lan, www.im-jaich.de
TA6-34-1	Ryck	K SI	HSG Uni. Greifswald Abt. Kanu Kathrin Greffin, Karl-Liebknecht-Ring 2, 17491 Greifswald	Kathrin Greffin 0 38 34 - 51 00 31	-keine-	20	20	●	○				●	3	●	●	○ 500	○ 800	Küchenbenutzung, ☎ Grommelt 0 38 34-81 51 93 mobil: 01 71-2 31 69 58 www.kanu-greifswald.de
TA6-34-2	Ryck	R	Greifswalder RC"Hilda"v.1892 Uta Günther, Hans-Daimler-Str. 19, 17491 Greifswald	0 38 34 - 25 82	-keine-	8	15	●	○				◐	2	●	○	○ 1500	○ 1500	Tel.Bhs. -2582, Küche, Wanderruderbootvermietung Hilfestellung bei Quartiersuche, ruderclub.hgwnet.de
TA6-34-3	Greifsw.Bo.	⛺	Campingplatz Loissin, Am Strandweg 1 , 17509 Loissin	03 83 52 - 2 43	Nov-März	●	*	◐	○				●	●	●	●	●	●	*4 Zimmer, W-Lan, 🚲, www.freizeitpark-loissin.de
TA6-35-1	Peenestrom	△	Kanuhof Spandowerhagen, Dorfstr. 46, 17440 Spandowerhagen	03 83 70 - 2 06 65		5*	○	○	○				◐	○	○	◐	○ 2500	○ 2500 Frühstück	*650m zum Wasser/Shuttle-Service, www.kanuhof-spandowerhagen.de
TA6-35-2	Peenestrom	⛺	Campingplatz "Waldcamp" 17440 Freest	03 83 70 - 2 05 38	16.10.-März	●*	○**	○	○				●	40	○	◐	○ 1000	○ 700	*ca. 400m zum Strand, **Ferienhäuser+ www.campingplatz-freest.de
TA6-35-3	Peenestrom	Y	See-Segeln Freest e.V., Freester Str. 4, 17440 Freest		30.10.-1.4.	30	○	●	○				●	2	●	●	○ 200	●	www.seesegeln-freest.de
TA6-35-4	Peenestrom	Y	Marina Kröslin, Hafenstr. 9, 17440 Kröslin	03 83 70 - 2 51-0	-keine-	○	*	○	100 5m	●	●	●	●	○	●	●	●	●	*3FeWos+ 7 Hausboote, Tankstelle (D+B), Kran, Slip, 🚲, Segelschule, W-Lan www.marina-kroeslin.de
TA6-35-5	Peenestrom	Y	Yacht- und Fischereihafen Karlshagen, Am Hafen, 17449 Ostseebad Karlshagen	03 83 71 - 2 00 66		○	○	● Slip	60 2-4m	◐	●	●	◐	○	○	◐	○ 2000	●	Keine Kanuten!
TA6-35-6	Ostsee	⛺	Karlshagener Dünencamp, Zeltplatzstraße, 17449 Karlshagen	03 83 71 - 2 02 91	-keine-	●			○					●		●	◐	◐	günstig für Kanuten, www.karlshagen.de/campingplatz-duenencamp.html
TA6-35-7	Ostsee	⛺	Campingplatz Ostseeblick, Zeltplatzstr.20, 17449 Trassenheide	03 83 71 - 2 09 49	Nov.-März	●			○					●		●	◐	◐	günstig für Kanuten, www.seebad-trassenheide.de
TA6-35-8	Ostsee	⛺	Campingplatz Pommernland Dr.Wachsmann-Str.40, 17454 Ostseebad Zinnowitz	03 83 77 - 4 03 48	Jan+Feb	●*	**	○	○					●	●	●	●	●	*300m, 🚲, Spielplatz,** Ⓦ, Animation, www.camping-zinnowitz.de
TA6-35-9	Ostsee	⛺	Camping "Am Dünengelände", Campingweg 1, 17459 Zempin	03 83 77 - 4 13 63	-keine-	>15*	○**	◐	○				◐	>10*	◐	●	●	●	*Außerhalb Haptsaison viel Platz(●), **6x, 🚲, Ⓦ, Kinderanimation, www.camping-zempin.de
TA6-36-1	Peenestrom	Y	Segel-Club Wolgast, Post:Jens-Uwe Drühl, Sauziner Straße 04 17438 Wolgast/Mahlzow	0 38 36 - 20 09 22 0 38 36 - 60 12 10		○	○	● Slip	●*	○	●	●	●	○	○	◐	○ 1500	○ 1500	*1,4-1,90m Tiefg. www.segel-club-wolgast.de
TA6-36-2	Peenestrom	Y	Marina Schlossinsel Horn, Hafenstraße 13, 17438 Wolgast	Hafenmeister 0 38 36 - 2 36 7-22	Okt-Apr	○	○	○ Kran	40 2,5m	○	●	●	◐	○	●	◐	○ 800	◐ (●100m)	Yachtausrüstung(Mo-Fr.8-18°°, Saison auch Sa. 9-12°°), Reparaturservice www.schiffswerft-horn.de
TA6-36-3	Peenestrom	Y	Segelverein Wolgaster Greif, Hafenstraße 31, 17438 Wolgast	0 38 36 - 60 07 67					●*										*1,80m Tiefg. www.segelverein-wolgastergreif.de

Atlas/Karte-Nr. fortlaufende Nr.	Gewässer	Typ	Name, Anschrift	Telefon (⌂= ☎-Bootshaus)	Winterpause	Zelte Distanz Δ zum Ufer	LuMa-Lager...	Einsetzen	Y-Liegeplätze	Fäkalienentsorgung	Wasser am Steg	Strom am Steg	PKW abstellen	Wohnwagen	große Gruppen	Sanitär	Lebensmittel -Entfernung in (m)	Gastronomie -Entfernung in (m)	Sonstiges
TA6-36-4	Peenestrom	K KSI	Kanu-SV Wolgast, 17438 Wolgast	0 38 36 - 60 03 80		10	20	●	○				●	○	◐	◐	○ 500	○ 100	
TA6-36-5	Peenestrom	R	Ruderverein Wolgast Klaus-Peter Bergfeld, Baustr. 47, 17438 Wolgast	0 38 36 - 20 07 09		◐*		●	○				●	○	◐*	○	○ 1500	○ 1500	*nur nach Absprache, Verleih von Wanderruderbooten an Mitglieder des DRV
TA6-36-6	Peenestrom	Y	Sportboothafen Ziemitz Wolf-Jaddatz, Koppelweg 7b, 17440 Ziemitz	01 60 - 2 71 49 81 oder 0 38 36 – 20 67 65	-keine-	5	○	● bis 6,5m	30	○	●*	●*	◐	○	○	◐	○ 4000	○ 1000	*am Hauptsteg, Ⓦ, Frühstück, Hütten,Zimmer, FeWos (ca. 30 Betten) www.hafen-ziemitz.de
TA6-36-7	Achterwasser	⛺	Natur Camping Usedom, Zeltplatzstr. 20, 17440 Lütow / Usedom	03 83 77 - 4 05 81	1.10.- 15.3.	●	●*	●	○				◐	●	●	◐	●	●	*🏠🏠 Frühstück/HP, 🚲, *Platz liegt oberhalb des Steilufers, mit voll beladenen Booten mühsam, aber befestigter Weg* www.natur-camping-usedom.de
TA6-36-8	Achterwasser	Y	Yachtlieger Achterwasser -Betriebs-GmbH, 17440 Netzelkow/Usedom	03 83 77 - 4 05 75	-keine-	10	○	● Slip	30	○	●	●	◐	25	◐	◐	○ 6000	●	Ⓦ, 🚲 www.yachtlieger-achterwasser.de
TA6-36-9	Achterwasser	Y	Zinnowitzer YC Hafenstr. 3, 17454 Ostseebad Zinnowitz	038377–352933 (17-21°°) 03 83 71 - 2 03 82	Okt-Apr	5-6	○	● Slip	●	◐	●	●	◐ Ab-sprachr	○	○	●	○ 1500	●	W Lan, 🚲, Tankstelle 300m mit Ⓦ, www.zinnowitzer-yachtclub.de
TA6-36-10	Achterwasser	⛺	Naturcamping Stagnieß, W.Labahn, Hauptstr. 32, 17459 Ückeritz	03 83 75 - 2 04 23	Nov-März	● 10m	○	●	○				◐	●	●	◐	○ 1500	◐	Ⓦ, W-Lan, 🚲 www.camping-surfen-usedom.de
TA6-36-11	Achterwasser	⛺	Campingplatz Neppermin, 17429 Neppermin	03 83 79 - 2 00 44	15.Okt- März	20	○	●	○				●	30	●	◐	○	◐*	Ⓦ, 1x🚐, *Einkaufswagen+Bäckerfahrzeug in der Saison täglich
TA6-37-1	Oberuckersee	⛺	Campingplatz am Oberuckersee, Lindenallee 2 17291 Oberuckersee OT Warnitz	03 98 63 - 4 59	5.10.-31.3.	30	○	●	○				●	●	●	◐	◐	○ 1000	⌂, 🍴, 🚲, Ⓦ, www.camping-oberuckersee.de
TA6-37-2	Unter- uckersee	KR	Berlin-Usedom-Box, Ulrike u. Judidt Buschner, Unner Enn 12-14, 17291 Nordwestuckermark OT Zollchow	01 72 - 3 04 66 98	Okt-April	15	*	◐ 200m	○				○	○	◐			◐	* Hütten, ideal auch für Radwanderer, www. berlin-usedom-box.de
TA6-37-3	Unteruckersee	Y	Prenzlauer Segelclub, Klaus Winsel, Georg-Drecke-Ring 74	0 39 84 - 47 41		20	○	●	10				◐	2	○	◐	○ 500	○ 500	Mobil: 01 72-3 01 39 66 segelclub-prenzlau.de
TA6-37-4	Unter- uckersee	Y	Seesportverein Prenzlau Norbert Wollin, Geschw.-Scholl-Str. 60, 17291 Prenzlau	Tel. Bhs.: 0 39 84 - 806 704	Okt-Apr	10	○	●	○				○	4	○	○	○ 500	○ 500	
TA6-37-5	Unter- uckersee	KR	Prenzlauer SV Uckermark Stefan Hahlweg, Uckerpromenade 60 , 17291 Prenzlau	0 39 84 - 83 31 62		20	30*	●	○				◐	4	●	○	○ 1000	○ 300	*nur nach Anmeldung
TA6-39-1	Uecker	△	Wasserwanderrastplatz Pasewalk Stadtinformation Pasewalk, Prenzlauer str. 23 a, 17309 Pasewalk	0 39 73 – 25 12 32, Fax -251 3 32 32	Okt.-März	20	○	●	○				◐	○	●	◐	○ 500	○ 400	Stadtrundgang der bes. Art mit dem „Mobilen Hör-stück", KunstgARTens stettiner haff, direkt nebenWWR
TA6-39-2	Uecker	K	Torgelower Paddlergilde Thomas Werner, Ferdinandstr. 3, 17358 Torgelow	0 39 76 - 43 23 89	-	10	10	◐	○				5	-5	◐	●	○ 50	○ 50	www.kanu-torgelow.de
TA6-39-3	Uecker	KR	Wasserwanderrastplatz WWR Torgelow Touristik-Information, Friedrichstraße 1, 17358 Torgelow	0 39 76 - 25 57 30 Fax 0 39 76 - 25 58 06	Okt.-März	5	○	*1*2	○				◐	○	●	●	○. 400m	○ 50m	⬇: 1= direkt am WWR; 2=an Ueckerinselspitze; Info.stadt.torgelow@t-online.de ; www.torgelow.de
TA6-39-4	Uecker	⛺	Caravanplatz Torgelow, Touristik-Information, Friedrichstraße 1, 17358 Torgelow	0 39 76 - 25 57 30 Fax 0 39 76 - 25 58 06	Okt.-März	○	○	1;2	○		●	●	◐	20	◐	●	○ 400m	○ 5m0	Sanitär mit Küche gegen Entgelt www.torgelow.de Stadtführungen über Anmeldung in Touristik-Info
TA6-39-5	Uecker	⛺	Internationale Jugendbildungsstätte Ukranenland –Historische Werkstätten e. V. mit Herberge des Ukranenlandes, Friedrichstraße 1A, 17358 Torgelow, Museums- und Bürogebäude Jatznicker Str. 31, 17358 Torg.	0 39 76 - 20 23 97 0 39 76 - 28 02 30	Nov.- Febr.	○	60 Betten	● nebenan bei PG	○				◐	○	●	●	○ 100m	● +250 - 600	ukranenland@gmx.de; www.ukranenland.de sehens- und erlebenswert. Freilichtmuseen Castrum Turglowe sowie Ukranenland mit Museumsgebäude (Imbiss mgl.) und Geschichtslehrpfad
TA6-40-1	Randow	△	Wasserwanderrastplatz Eggesin, Detlef Ertelt, Pasewalker Str. 1, 17367 Eggesin, Hafenbüro: 03 97 79 – 6 00 82	mobil: 0171 - 737 02 16 Hafen: 0170 - 16 95 025	1.11.- 31.3.	20	○	Slip 8m	49				●◐	10	●	●	○ 200	Imbiss, 100m	🍴, sehenswert: Heimatstube, „Kleines Armeemuseum" www.randow-floss.de
TA6-40-2	Uecker	Y	Stadthafen Ueckermünde, Hafenmeister, Altes Bollwerk, 17343 Ueckermünde	03 97 71 - 2 31 81 Hfnmstr.01 70-74 54 543	keine	○	○	●	200		●	●	●	○	●	●	○ 200m	○ 200m	www.ueckermuende.de
TA6-40-3	Uecker	Y	Seesportclub "Vorpommern", Grabenstr.1, 17373 Ueckermünde	Hr. Löwe:03 9771- 2 33 90	keine	10	○	◐	10	○	●	●	●	10	●	◐	○ 300	○ 200	Kran, (🚲), Tel.Bhs.: 039771-22369
TA6-40-4	Uecker	△	Zentrum für Erlebnispädagogik u. Umweltbildung, Kamingstr. 26, 17373 Ueckermünde	03 97 71 - 2 27 25	-keine-	10	97	●	○				◐	○	●	◐	○ 2500	● (mit Anmeldung)	Seilgarten, Naturerlebnispfad, Kletterturm www.zerum-ueckermuende.de
TA6-40-5	Oderhaff	⛺ KSI	Ferien-u.Freizeitanlage Kron Bellin Dorfstr. 8b, 17375 Bellin/Ueckermünde	03 97 71 - 59 110	1.1.-31.1.	30	○	●	2				●	●	◐	◐	●	●	14 Ferienwohnungen, www.strandferien-am-haff.de
TA6-40-6	Oderhaff	⛺	Ostsee-Camping-park Oderhaff Dorfstr. 66a, 17375 Grambin/Ueckermünde	03 97 74 - 2 04 20	16.10.- 30.3.	●	○	○	○				●	●	●	●	○ 3000	● (50m)	Ⓦ, (🚲), Spielplatz, Badestrand www.campingpark-oderhaff.de

Atlas/Karte-Nr. fortlaufende Nr.	Gewässer	Typ	Name, Anschrift	Telefon (⌂= ☎-Bootshaus)	Winterpause	Zelte Distanz Δ zum Ufer	LuMa-Lager...	Einsetzen	Y-Liegeplätze	Fäkalienentsorgung	Wasser am Steg	Strom am Steg	PKW abstellen	Wohnwagen	große Gruppen	Sanitär	Lebensmittel -Entfernung in (m)	Gastronomie -Entfernung in (m)	Sonstiges
TA6-40-7	Stettiner Haff	Y ▲	Hafen Mönkebude, Fremdenverkehrsverein "Mönkebude am Stettiner Haff", 17375 Mönkebude	03 97 74 – 2 90 71	30.10.-1.4.	10	○	◐	5 2,0m	●	●	●	◐	25*	○	◐●	○ 400	●	*nur Wohnmobile, Ⓦ, 🚲, Tankstelle (D), Hundeverbot am Strand, FKK-Strand, W-Lan,
TA6-41-1	Malchiner See	⛺	Campingplatz Dahmen, 17166 Dahmen	03 99 57 - 2 91 39 (Rezeption: 039933-70379)	Nov-März	●	○	◐	○				●	●	◐	◐	○ 1000	●	Ⓦ www.campingplatz-dahmen.de
TA6-41-2	Malchiner See	⛺	Campingplatz Seedorf, 17139 Basedow, OT. Seedorf	03 99 57 - 2 91 39	Nov-März	●	○*	◐	○				●	●	◐	◐	○ 300	◐ 4000	Ⓦ, Ψ,* ⊡+FeWo www.campingpark-seedorf.de
TA6-41-3	Peene	Y ▲	Rastpl "Köster´s Eck", Am Kanal 2, 17139 Malchin	0 39 94 - 23 94 68	Nov-Apr	○	○	◐*	5-6 2m	●	●	●	◐	○	○	●	○ 200	○ 400	*Kran, Ψ, 🚲, Mobil: 01 52 - 03 64 54 53
TA6-41-4	Peene	K KSi	Malchiner Kanu-Club, Kösters Eck, Am Kanal 2, 17139 Malchin	0 39 94-23 94 68 Mobil: 0152-03 64 54 53	Nov-Apr	>30	<30	●	○				●◐	8	●	●	○ 200	○ 400	2 Gästezimmer, Ψ www.malchiner-kanu-club.de
TA6-42-1	Kummerower S	⛺	Campingplatz Sommersdorf, 17111 Sommersdorf	03 99 52-29 73	Okt.-März	●	○	◐	○				●	●	●	●	●	○ 2600	Ⓦ, 🚲, W-Lan, www.campingtour-mv.de/sommersdorf
TA6-42-2	Kummerower See	▲	Campingplatz Meesiger-Gravelotte, Am Kummerower See, 17111 Meesiger	03 99 94-1 07 32	Okt-März	● 100m	○	●	28	○	○	●	◐	●	●	◐	●	◐	🚲 www.campingplatz -gravelotte.de
TA6-42-3	Teterower Peene	Y ▲	Wasserwanderrastplatz Neukalen, Hafenstraße, 17154 Neukalen	0171 / 1 16 48 20	Okt.-März	○	○	●	20				◐	(ja)	auf Anfr.	●	○ im Ort	○ 400	gepflegte Anlage
TA6-43-1	Peene	Y ▲	Demminer Segelclub, Wasserwanderrastplatz, Fritz-Reuter-Str. 11b, 17109 Demmin	H.Hübner: 0 39 98-22 35 51	keine	20	○	●	18	○	●	●	●	◐	●	◐	○ 800*	○ 700	auch Kanuten willkommen, *Bäcker 300m
TA6-43-2	Peene	Δ KSi	WasserWanderRastplatz Kanuhaus.de, Meyenkrebs 15, 17109 Demmin	0 39 98 - 20 00 48, 01 72 - 76 21 824	keine	ja	4*	●	○		●		●	ja	●	◐	○ 900m	Frühstück (bestellen)	Ψ+Transport, 🚲, *Tipi, 2x2 Gästebetten, Lagerfeuer-/Grillplatz, Spielplatz, www.kanuhaus.de
TA6-43-3	Mühlgraben	Δ▲	Freizeitzentrum Schult, Richtgrabenweg 2, 17109 Demmin	01 71 - 82 62 981	keine	20	○	●	10*	◐	●	●	●	>5	◐	◐	◐ 400m	○ 800m	*max Tiefg. 0,80m, Ⓦ, Ψ, 1x ⊡, Spielplatz
TA6-43-4	Peene km 43	K	Kanustation Loitz, Mühentorvorstadt /Gr.Speicher, 17121 Loitz	01 77 - 2 71 16 88	Nov-Apr	30	geplant	●	○				●	●	●	◐	○ 400	●	Ψ, Charter (führerscheinfrei) www.urlaub-peenetal.de
TA6-43-5	Peene	Y▲	Marina Loitz Mühlentorvorstadt, 17121 Loitz	Hfnm: 01 52 - 09 91 43 50	Nov-März	30	○	●	>10	●	●	●	●	●	●	◐	◐ 500	●	Charter
TA6-44-1	Swinow	K KSi	Kanuverein Gützkow, Bootshs. Liebenthal, 17506 Gützkow	03 83 53-2 77 01 60 - 97 22 16 38	(Okt.-März)	30	15-20	◐	○				◐	○	●	◐	○ 1000	○ 1000**	* nach Absprache, **Imbiss=300m, Ⓦ www.guetzkow.de/kanuverein
TA6-45-1	Peene	KY ▲	Wasserwanderrastplatz Anklam, Anmeldung über Kanustation Anklam (siehe unten)		1.10.-30.4.	●	○	●	16	●	●	●	◐	○*	●	●	○ 300	○ 300	* aber nebenan Caravan-Club, Grillplatz
TA6-45-2	Peene	KY ▲	Kanustation u Bootswerft Anklam Carsten Enke, Werftstr.6, 17389 Anklam	0 39 71 - 24 28 39	Nov.-20.4.	○*	○	○	○				●	○	○*	●	○300	○ 300	*Zelten gegenüber beim WaWaRaPlatz (TA6-54-1), Bootsausrüstung, Kanu-Ψ www.kanustation-anklam.de
TA6-45-3	Peene	R	Anklamer Ruderclub,Peter Lembrich, Hamburger Ring 27, 17389 Anklam, Werftstraße 5 a, 17389 Anklam	d. 0 39 71 - 29 1517 0 39 71 - 21 07 49		3	10	●	○				◐	○	◐	◐	○ 1000	○ 600	☎-priv. 0 39 71-24 04 58, www.anklamer-ruderklub.de
TA6-45-4	Peene	Y	Yachtclub Peene A., Hans-Jürgen Utes, Demminer Str. 5a, 17389 Anklam	01 70 - 3 10 18 67	keine	5	10	●	10 2m	○	●	●	◐	○	○	◐	○ 300	○ 1000	300m zum Zentr. und Tankstelle http://ycp-anklam.mein-verein.de
TA6-46-1	Peenestrom	⛺	Naturcampingplatz Lassan, Garthof 5-6, 17440 Lassan	03 83 74 - 55 99 51 01 76 - 78 34 24 57	keine	20	30-50	●	8 0,7m	○	*	*	●	●	●	◐	◐ 300	●	*in Planung, 🚲, Halle f. Bootslagerung www.campingplatz-lassan.de
TA6-46-2	Peenestrom	Y	Wasserwanderrastplatz Lassan, Lange Straße, 17440 Lassan	01 77 - 6 85 97 72	Nov-März	○	○	◐ Slip (steil)	44 1,70m	◐	●	●	◐	○	○	◐	○ 200	◐ (● 100m)	Reparaturservice (Menge-Werft)
TA6-46-3	Peenestrom	Y	Fischereihafen Rankwitz, Am Hafen 1, 17406 Rankwitz	03 83 72 - 7 05 21	Nov-März	4	*	◐	30 1,20m	○	●	●	◐	3	○	◐	○ 1000	●	*4Ferienhäuser, 🚲, www.usedomer-feinfisch.de
TA6-46-4	Peene-strom	Y	Wasserwanderrastplatz Kamp Hafenverein Kamp, Dorfstraße, 17398 Kamp	Siegfried Henck 0160 - 97 95 32 00		>10	○	◐	12 1m	●	●	●	◐	○	◐*	◐	○ (Karnin)	◐ im Sommer, ● in Karnin	*auf Anfrage,-Pers.+🚲-Fähre nach Karnin www.hafenverein-kamp.de
TA6-47-1	Tollensesee	K KSi	SV Motor-Süd Neubrandenburg Lindenstr. 6a, 17033 Neubrandenburg	03 95-3 69 95 66 01 76 - 73 10 51 20		8	◐	◐	○				◐	2	◐	●	○ 500	○ 300	☎-⌂: 03 95 - 3 69 61 84 www.msn-kanu.de
TA6-47-2	Tollensesee	⛺	Campingplatz Gatsch Eck, 17039 Wulkenzin	03 95 - 5 66 51 52 01 71 - 9 56 51 12	Nov-März	>30	○	◐	○				●	>30	●	◐	◐ 7000	◐ 3500	Spielplatz, großer Sandstrand, W-Lan, 🚲, www.camping-gatsch-eck.de
TA6-48-1	Tollense	Δ	Kanustation Klempenow, 17089 Klempenow	01 62 - 472 42 37	Nov-März	20	○	●*	○				●	5	●	○	○ 4000	●(50m)*	*anmelden, Ψ www.kanustation-klempenow.de

Atlas/Karte-Nr. fortlaufende Nr.	Gewässer	Typ	Name, Anschrift	Telefon (⌂= ☎-Bootshaus)	Winterpause	Zelte Distanz Δ zum Ufer	LuMa-Lager…	Einsetzen	Y-Liegeplätze	Fäkalienentsorgung	Wasser am Steg	Strom am Steg	PKW abstellen	Wohnwagen	große Gruppen	Sanitär	Lebensmittel -Entfernung in (m)	Gastronomie -Entfernung in (m)	Sonstiges
TA6-48-2	Tollense	Δ	Brooker Hof, Andreas Barth, Broock 2, 17129 Alt Tellin	03 99 93 - 7 09 76 01 72 - 3 83 85 58		●	●Heu-boden		○					◐	●	ja	◐		FeWo, Zimmer, Tipi Reiten(Islandpferde), 🛶, Hofladen, Imkerei, www.broocker-hof.de
TA6-49-1	Trebel	KY 🏠	Wasserwanderrastplatz Nehringen Jugendgästehaus Graureiher, Dorfstr. 25, 18513 Nehringen	03 83 34 - 8 03 11	Okt.-Ostern	25 100m	●*	●	2	○	○	○	◐	2	●	◐	○ 5000	◐	*3 Blockhütten für Luma, 28 Betten, Slip geplant, Ⓦ, Frühstück, 🛶, 🚲 www.jgh-graureiher.de
TA6-50-1	Recknitz	Δ	Wasserwanderrastpl. JAM Bad Sülze, Recknitzallee 1a, 18334 Bad Sülze	03 82 29 - 7 04-22	Okt-Apr. Winter mit Anmeldung	15	*	◐	○				◐	2	●	○ (für Δ)	○ 500	○	*16 Betten in Gästehaus, 2 FeWos,🛶, (🚲), auch Bootstransport zur Trebel, www.jamev.de
TA6-51-1	Warnow	Δ	Canu-Feriencamp Weitendorf, Anmeldg. unter Hotel-Pension Bruchmann, Mecklenburgring 63, 19406 Sternberg	0 38 47 - 27 67	Nov.-März	●	32*	●	○				●	5	●	●	◐	◐	*Betten in Blockhäusern mit Sanitär, 🛶, 🚲 www.pension-bruchmann.m-vp.de
TA6-51-2	Luckower See	⛺	Camping Sternberger Seenland, Maikamp 11, 19406 Sternberg	0 38 47 - 25 34	Nov-März	●	*	●	○				●	●	●	●	●	●	🚲, 🛶, bei HW. 15 Bungalows, 10 Übern. Hütten, 6 Blockhäuser, 3 Mobilheime, W-Lan vorhanden, www.camping-sternberg.de
TA6-52-1	Mildenitz	🛶 ⛺ [KSi]	Kanu-Camp, Wolfgang Klein, An der Mildenitz 10, 19406 Sternberger Burg	01 71 - 4 51 79 58	-keine-	●*	○	●	○				◐	●	●	●	○ 3200	○ 200	*kein Daueraufenthalt für Wohnwagen, Zelte auf Anfrage, Hütten: 4x3 Bett, 2x4Bett, einsetzen 60m www.kanucamp-klein.de
TA6-52-2	Warnow	K⛺	Wasserwanderrastplatz, Naturdorf Eickhof, Dorfstraße 14, 18249 Eickhof	03 84 62 / 2 04 19 mobil:01 62 / 4 92 23 80		●	●	●	○						●				🛶, 🚲, Reiten, Heuhotel, Herberge, Bungalows, Appartments www.naturdorf-eickhof.de
TA6-53-1	Bützower See	K[KSi]	KC Bützow Ralf Helbig, Zollende 7, 18246 Rühn	03 84 61- 59 92 90	-keine-	40	20	◐	○				◐	4	●	●	○ 400	○ 50	stets anmelden, Transportservice
TA6-53-2	Bützower See	⛺	Kanu-Camping Warnow, An der Bleiche 8, 18246 Bützow	0173-754 28 10	-keine-	●	○	●	○				●	15	●	◐-●	◐ 300	●	Ⓦ, 🛶, 🚲 www.kanu-camping-warnow.de
TA6-54-1	Warnow	⛺	Sandgarten-Camp, Sandgarten 17, 18258 Schwaan	0 38 44 - 81 37 16	Nov-Feb	●	○*	●	○				●	●	●	●	◐ 1500	●	*Mobilheime bis 5 Pers., Ⓦ, 🛶, 🚲, www.campingplatz-schwaan.de
TA6-54-2	Warnow	R	Olympischer RC Rostock, Neubrandenb.Str. 47, 18196 Kessin	03 82 08 - 8 29 45	keine	○	30	●	○				●	5	●	◐	○ 1000	◐ 500	www.orc-rostock.de
TA6-55-1	Goldberger See	⛺	Camping am Goldberger See, Badestrand 9, 19399 Goldberg	03 87 36 - 4 04 33 (01 72 - 3 92 63 57)	-keine-	●	○	●	●*				●	30	●		○ 1600	◐ 200	*=Elektro+Segel, 2 Wohnwagen, Ⓦ, 🛶, , Imbiss+Shop bei Hotel (200m)=🚲 + Sauna
TA6-55-2	Dobbertiner S	⛺	Campingplatz Dobbertin, Am See 1, 19399 Dobbertin	03 87 36 - 4 25 10	Nov.-März	●	○	●	○				●	●	●	●	◐ 500	◐ 500	4 FeWos, Ⓦ, www.campingplatz-dobbertin.de
TA6-55-3	Garder See	⛺	Campingplatz Am Garder See, Am See 3, 18276 Lohmen	03 84 58 - 2 07 22	Nov.-März	200	◐	●	○				●	●	●	◐	●	100	6 FeHäuser, Ⓦ, 🛶, 🚲, www.camping-gardersee.de
TA6-55-4	Kleinpritzer S.	⛺	Zelt-Dauercamp Klein Pritz, Kastanienallee 10,19406 Klein Pritz	03 84 85 - 2 00 60	Nov.-Apr.	>20	○	◐	○				●	●	●	◐	○ 5000	◐ 2000	Ⓦ, 1 Bungalow, 1 Wohnwagen, Ruderkahnvermietung
TA6-55 5	Kleinpritzer S	⛺	Camping-u. Friesenhof, Gerh. Anton, Seestr. 6, 19406 Kukuk	03 84 85 - 2 04 32	-keine-	30	○	●	○				●	30	●	●	◐	◐ 2000	🛶, 🚲, Imbiss, Tel. Anfrage erwünscht
TA6-56-1	Fauler See	K [KSi]	Kanurenngemeinschaft Schwerin Schleifmühlenweg 8 c, 19061 Schwerin	03 85 - 56 57 57	-keine-	●	○	○*	○				●	10	●	◐	○ 2000	○ 400	🛶(auch Drachenboote), in Faulen See=● www.krg-schwerin.de
TA6-56-2	Sch. Innensee	Y	Schweriner Yachtclub, Franzosenweg 17b, 19061 Schwerin	03 85 - 5 81 20 16	Dez.	◐	○	●	40				◐	◐	○	●	○ 2000	●	Stadtzentrum 30 Min. www.snyc.de
TA6-56-3	Schweriner Innensee	R	Schweriner RG v.1874/75, Franzosenweg 21, 19061 Schwerin, oder Gerd-R. Blankenberg, Hahlstedter Str. 11, 19057 Schwerin	⌂:03 85 - 565 751 Wanderwart: 03 85 - 4 84 12 70	keine	○	○*	●	○				●*	○	◐*	●	○ 1000	●	*17 Betten, generell anmelden www.schwerinerrudergesellschaft.de
TA6-56-4	Sch.Innensee	Y	Segelclub Schlossbucht Schwerin, Franzosenweg 19a,19061 Schwerin			10-15											○ 1000	○ 100	www.segelclub-schlossbucht-schwerin.de
TA6-56-5	Schweriner See	KY [KSi]	SV Mecklenburgisches Staatstheater, Werderstr. 122, 19055 Schwerin	03 85 - 5 81 08 25	Okt.-März	5	○	●	6-8				○	○	○	●	○ 300	○ 100	(neues Bhs. seit 2009) www.svthschwerin.de
TA6-56-6	Schweriner S.	Y	Schweriner Segler-Verein, Werderstr. 120, 19055 Schwerin	03 85 - 5 81 08 25	Okt-März	◐	○	●	70				●	◐	●	●	○ 500	● 300	Ⓦ, Pension, Zimmer www.segeln-in-schwerin.de
TA6-56-7	Sch. Innensee	K [KSi]	Kanu-u Kleinsegelverein Schwerin, Bornhövedstr. 101a, 19055 Schwerin	03 85 - 557 10 18 oder 0172 - 38 10 534	Nov.-März	6	●	●	○				◐	>10	◐	●	○ 1000	○ 1000	generell anmelden www.kuk-schwerin.de
TA6-56-8	Verbindg.z. Heidensee	K	Schweriner Drachenbootverein Bornhövedstr. 109, 19055 Schwerin	0 38 61 - 50 19 79	Nov.-März	>20	10	◐	○				●	2	●	○	○ 1000	○ 1500	Einfachste Sanitär (Dixi) Drachenbootvermietung www.drachenbootverein-schwerin.de
TA6-56-9	Heidensee	Y	Marina Nord, Buchonweg 19, 19055 Schwerin	☎ 0385-51 26 54 Mobil: 0171-73 16 833	Nov.-März	●	○	●	12				●	●	●	●	○ 500	● 2000	generell anmelden, 12 Gastliegeplätze
TA6-56-10	SchAußensee	⛺	Ferienpark Seehof, Zum Zeltplatz 1, 19069 Seehof	03 85 - 51 25 40	-keine-	●	○	●	◐				●	●	○	●	◐ 5000	●	*5x🏠🏠, 1x Wohnwagen, Ⓦ, 🚲, Segelschule
TA6-56-11	SchAußensee	⛺	Campingplatz Retgendorf, Seestr. 7a, 19067 Retgendorf	0 38 66 - 40 00-40	Sept-März	●	○	●	●				●	100	●	○-◐	◐ 1000	◐ 1000	*5FeWo´s, **nur Ankerplätze, Slip, 🛶, Ⓦ,
TA6-56-12	Schweriner Außensee	⛺	Seecamping Flessenow,Am Schweriner See 1a, 19067 Flessenow	0 38 66 - 8 14 91	-keine-	●	○*	●	◐				●	●	●	●	◐	◐ 1000	3 Bungalows à 4P., Ⓦ, 🚲, Jugendherberge nebenan mit 🛶

Atlas/Karte-Nr. fortlaufende Nr.	Gewässer	Typ	Name, Anschrift	Telefon (⌂= ☎-Bootshaus)	Winterpause	Zelte (Distanz Δ zum Ufer)	LuMa-Lager...	Einsetzen	Y-Liegeplätze	Fäkalienentsorgung	Wasser am Steg	Strom am Steg	PKW abstellen	Wohnwagen	große Gruppen	Sanitär	Lebensmittel Entfernung in (m)	Gastronomie Entfernung in (m)	Sonstiges
TA6-56-13	Schweriner Außensee	Y	Marina Ziegenwiese, Gauert-Hackbarth GbR, Gallenthiner Chaussee 19, 23996 Bad Kleinen	03 84 23 - 56 10		○	●*	Kran	50				●	4-5		●	○ 800	○ 300	*Finnhütten, www.marina-ziegenwiese.de
TA6-56-14	Schweriner Innensee	YK [Si]	SV Post Schwerin, Am Werder 21, 19055 Schwerin	03 85 - 71 04 71 03 85 - 56 30 54	Okt-März	12	○	●	4				●	○	●	◐	○ 1000	◐ 1000	generell anmelden
TA6-57-1	Elde-Müritz-W	⛺	Campingplatz Wiesengrund, Am Kanal 4, 19294 Malliß	03 87 50-2 10 60	Nov-Feb	20	○	●	●				●	●	◐	●	◐ 3000	●	3x🚐, Sauna, Ⓦ, 🚲, 🍴, Streichelzoo, Pony-reiten, 2 ⌂ à 2-3 Pers., Shop, www.m-vp.de/1334/
TA6-57-2	Elde-Müritz-W	⛺	Camping Neu Göhren, Neue Str. 9, 19294 Neu Göhren	03 87 55 - 2 03 09 01 62 - 244 16 57	-keine-	●	○	●	●				●	●	●	●	○ 5000	●	Ⓦ, Tankstelle, Slip, www.bootsanleger-neugoehren.de
TA6-57-3	Elde-Müritz-W	Y⛺ [Δ]	Eldena-Bootshafen Am Bootshafen 1, 19294 Eldena	03 87 55 - 2 00 20	Okt-Ostern	●	○	●	19	◐	●	●	●	●	●	◐	○ 200	◐ an Wochenenden, sonst 600m	Ⓦ, Tankservice, Charter, www.camping-eldena.de
TA6-58-1	Elde-Müritz-Wasserstr.	⛺ [Si]	"Eldekrug", " Thomas Papenfuß, Eldeufer 1, 19300 Fresenbrügge	01 72 – 1 71 52 99	Okt.-März	20	○	●	10				●	10	●	●	○ 2500	●	Ⓦ, 🍴, Spielplatz, 1 fester WoWa für Kanuten
TA6-58-2	Elde-Müritz-Wasserstr.	Y [Δ]	Stadthafen Grabow, Canalstr. 1, 19300 Grabow	0 38 75 65 03-42					18 1,3m	●	●	●					○ 300		Auch Kanuanleger, Tankstelle (D+B)
TA6-59-1	Sch. Innensee	⛺	Camping Süduferperle, Forststr. 19, 19065 Raben-Steinfeld	0 38 60 - 3 12	-keine-	20	0*	◐	●				●	15	◐	●	◐ 400	◐ 400	*2x🚐, Ⓦ, Bootstransport zur Warnow auf Anfrage, www.sueduferperle.de
TA6-60-1	Elde-Müritz-Wasserstr.	⛺	Lewitzcamp-Garwitz Mario Gurtler, Zeltplatz am Kanal, 19372 Garwitz	01 72 - 3 15 72 77	-keine-	●	○	●	5				●	○	●	○○	○ 900	○ 900	*1 Tipi, 🍴, Lagerfeuer, Grill, Ⓦ an Wochenenden, http://lewitzcamp.de
TA6-60-2	Elde-Müritz-Wasserstr.	Y⛺ [Si]	Wasserwanderrastplatz Fischerdamm Parchim, Am Fischerdamm, 19370 Parchim	0 38 71 - 62 17 01	Okt-März	>10	○	●	20*				●	◐**	◐	●	○ 500	○ 500	*1,00m, **Wohnmobilplatz
TA6-60-3	Elde-Müritz-W	Y[Δ]	Anleger Parchim-Slate, Zum Fährhaus, 19370 Parchim	0 38 71 - 41 45 60	Okt.-März	○	○	●	15				◐	(ja)	auf Anfr.		○ im Ort	●	W-Lan
TA6-60-4	Elde-Müritz-W	⛺[Si]	Ufercamp Eldeblick, Dieter Meier, Eldeweg 4, 19376 Neuburg	03 87 24 - 2 27 26	Okt-März	>20	○	●	7				●	10	●	●	○ 3000	●	
TA6-61-1	Elde-Müritz-W	Y	Stadt-Marina Lübz, Schulstr. 8a, 19386 Lübz	03 87 31 - 2 24 28	Okt-März	●	○	●	25*				◐	◐	●	●	○ 100	○ 100	🍴, 🚲, im Ort www.blue-line-charter.de
TA6-61-2	Elde-Müritz-W	Y⛺	Wasserwanderrastplatz Kuppentin Achim Oeck	01 73 - 6 47 81 13	Okt-März	●	○	●	10	○	●	●	●	10	●	◐	◐ 1000	◐ 3000	Ⓦ, Kiosk , www.familie-oeck.de
TA6-62-1	Elde-Müritz-W	Y	Wasserwanderrastplatz Plau, 19395 Plau am See	03 87 35 - 4 50 50	-keine-	>10	○	●	80*				◐	○	◐	●	○ 200	○ 1000	*1,30m, www.pwv-plau.de
TA6-62-2	Plauer See	⛺	Campingplatz Leisten19395 Leisten	03 87 38 - 7 07 03	21.10-März	●		●						●	●	◐	◐	○	Ⓦ, Ruderkahnvermietung, www.zeltplatz-leisten.de
TA6-62-3	Plauer See	⛺	Campingpark Zuruf, Plau-Plötzenhöhe, 19395 Plau am See	03 87 35 - 4 58 78	- keine -	●		○						●	●	●	●	◐	🍴, ⌂⌂, 🚐, Ⓦ, www.campingpark-zuruf.de
TA6-62-4	Plauer See	⛺	Campingplatz Bad Stuer, Am Seeufer 20, 17209 Bad Stuer	03 99 24 - 22 63	- keine -	○		●	●					●	●	◐	●	◐	Yachthfn, Slip, www.campingplatz-bad-stuer.de
TA6-62-5	Plauer See	⛺	Wald-u. Seeblick-Camping am Plauer See, Waldchaussee 1, 17209 Zislow	03 99 24 - 20 02	- keine -	●		●						●	◐	◐-●	●	◐	🍴, 🚲, Ⓦ, Kinderspielplatz, www.wald-und-seeblick-camp.de
TA6-62-6	Plauer See	⛺	Naturcamping Zwei Seen, 17209 Zislow	03 99 24 - 25 50	- keine -	●		●	10*	○	●	●		●	●	●	●	●	🍴, 🚲, Spielpl., *reservierungsplichtig, www.zwei-seen-naturcamping.de
TA6-62-7	Plauer See	⛺	Camping am See, An den Schaftannen 1, 17214 Alt Schwerin	03 99 32 - 4 20 73	1.11.-31.3.	●		●						●	●	◐-●	◐	◐	Ⓦ, www.camping-alt-schwerin.de
TA6-62-8	Plauer See	⛺	Inselcamping Werder, Wendorf 25, 17214 Alt Schwerin	03 99 32 - 4 20 74	1.11.-31.3.	●		●						●	○	●	●	●	FKK-Bereich nur für Dauercamper, Textil-Zeltplatz + WoMo-Hafen www.insel.camping-alt-schwerin.de
TA6-62-9	Plauer See	⛺	Naturcamping Malchow am Plauer See, 17213 Malchow	03 99 32 - 4 99 07	- keine -	○		●						●	●	●	●	●	🍴, 🚲, 🚐, www.campingtour-mv.de/malchow
TA6-62-10	Petersd. See	Y	Lenzer Hafen, 17213 Lenz/Malchow	03 99 32 - 1 23 85		○	**	Kran	20*					●***			○ 4000	○ 100	*1,60m, Tankstelle (B+D), **Pension, ***WoMo-Platz http://lenzer-hafen.de
TA6-63-1	Malchower S.	Y	Wasserwanderrastplatz Malchow, Fährhaus, 17213 Malchow	03 99 32 - 8 32 18		○	○**		*30							keine!	○ 1000	● 300	*1,0m, ** FeWo, Pension, Hotel in 500m, Ⓦ
TA6-63-2	Fleesensee	⛺Y	Heidepark Silz, Am Fleesensee 5, 17214 Silz	03 99 27 - 7 02 29 Für Y: 03 99 27- 76 98 00	Okt.-Apr	20 (<20m)	○	○●	15*	○	●	●	●◐	20	○	●	●	●	*Tiefg. 0,6-0,9m, Spielplatz, Ⓦ, W-Lan (nicht am Liegeplatz), Hafen und ⛺ haben 500m Abstand www.heideparksilz.de
TA6-63-3	Jabelscher See	⛺	Campingplatz Jabel-Heidenfriedhof K.H.Hanske, 17194 Jabel	03 99 29 - 7 02 12 pr.-70 227	Okt.-März	◐	○	●	○				○	●	○	◐	●	◐	Naturcampingplatz - kein Stromanschluss, Hundeverbot, www.campingplatz-heidenfriedhof.de

Atlas/Karte-Nr. fortlaufende Nr.	Gewässer	Typ	Name, Anschrift	Telefon (⌂= ☎-Bootshaus)	Winterpause	Zelte Distanz Δ zum Ufer	LuMa-Lager...	Einsetzen	Y-Liegeplätze	Fäkalienentsorgung	Wasser am Steg	Strom am Steg	PKW abstellen	Wohnwagen	große Gruppen	Sanitär	Lebensmittel -Entfernung in (m)	Gastronomie -Entfernung in (m)	Sonstiges
TA6-63-4	Jabelscher See	⛺	Campingplatz am Jabelschen See Ingrid Leusch, 17194 Jabel	03 99 29 - 7 02 17 0 39 91 - 16 74 76	Okt.-März	●		●						●	●	◐*	●	●	Ψ, ⌂⌂
TA6-63-5	Jabelscher See	Y ▲	Maribell Yachthafen, Am Ufer 1-2, 17194 Jabel	03 99 29-7 05 00 01 62 - 4 26 61 33	Nov-März	●	**	●	80*				●	●	●	●	○ 200	●	*1,50m, **FeWo, Ⓦ, Ψ, 🚲, Grillplatz, www.maribell.de
TA6-63-6	Binnenmüritz	⛺	Campingplatz Kamerun, Reinh.Renk, 17192 Waren (Müritz)	0 39 91 - 12 24 06	1.11.-31.3.	●		●						●	●	◐	◐	◐	Ψ, 🚐, ⌂⌂, www.campingtour-mv.de/waren
TA6-63-7	Binnenmüritz	Y	Wassersportverein Waren „ Stille Bucht von Kamerun" (WWK) Zur Stillen Bucht 2, 17192 Waren (Müritz)	Hafenmeister: 0 39 91 - 12 24 23	20.4.-6.10	●	◐	●	●	◐	◐	●	●	○	●	◐	◐ *200 ●2000	◐*200	Tiefg. 0,5 – 2,5m, Tankstelle 2000m, Slip: 1m T x 2,8m Br Elektrowinde, Trailer-P, Grillplatz, * nebenan auf ⛺ (W-Lan) www.wwk-mueritz.de
TA6-63-8	Reeck-Kanal /Reecksee	Y	Wasserwanderrastplatz Marina Eldenburg An der Reeck 20, 17192 Waren	0 39 91 - 12 14 15	Nov-März	ja	*	●	49	●	●	●	●	Wo Mo´s	○	●	○ 1000	●	🚲, *FeWo 8 Pers., Spielpl. www.marina-eldenburg.de
TA6-63-9	Binnenmüritz	⛺	Azur-Campingpark „Ecktannen", Fontanestr., 17192 Waren	0 39 91 - 66 85 13	15.11.-15.3	◐		◐						●	●	◐	◐	◐	🚐, www.camping-ecktannen.de
TA6-64-1	Müritz	⛺	Campingplatz Sietower Bucht Horst Weidler, Dorfstr.21, 17209 Sietow	03 99 31 - 5 20 68	keine	◐*		○						●	○	●	○	◐	*>100m, Ⓦ, Frühstück, www.weicamp.de
TA6-64-2	Müritz	⛺	FKK-Campingplatz Hirschberg, 17207 Gotthun	03 99 31 - 5 09 65	1.11.-31.3.	●		●						●	●	◐	◐	○	Ⓦ, *neue Sanitäranl. gepl, Hundeverbot
TA6-64 3	Müritz	⛺	Müritz Camp GmbH Gotthun, Schloßstr.4, 17207 Gotthun	03 99 31 - 5 26 15	- keine -	●		●						●	●	◐	●	◐	www.m-vp.de/1449
TA6-64-4	Müritz	⛺	Campingplatz Pappelbucht, Postfach 1218, 17204 Röbel/Müritz	03 99 31 - 59 113	3.1. - 15.3.	●		●						●	○	◐	●	◐	Ⓦ, Wassertankstelle, www.mueritztherme.de
TA6-64-5	Müritz	⛺	Müritzpark Ludorf, 17207 Ludorf	03 99 31 - 5 16 40	1.11.-31.3.	●		●		◐		●		●	●	◐	○	◐	www.müritz-camping-ludorf.de
TA6-64-6	Müritz	⛺	Campingplatz Boek, 17248 Boek	03 98 23 - 2 18 07	1.11.-31.3.	●		●						●	●	◐	●	◐	www.campingplatz-boek.de
TA6-64-7	Bolter Kanal	⛺K RY	Wasserwanderrastplatz Alte Fahrt / Müritzparadies-Ferienpark Am Müritzufer 6, 17248 Rechlin/ Boeker Mühle	03 98 23 - 25 30		●	Fe-Wo´s		●										Ψ, 🚲 (Bolter Mühle), Liegepl., Charter, ⛺, Feriendorf am Eingang B.-Kanal www.mueritz.com
TA6-64-8	Müritz	⛺	Campingplatz Bolter Ufer (C15), 17248 Boek	☎ 03 98 23-2 12 61 oder -2 12 11	Nov-März	●		●						●	●	●	●	●	⌂⌂, Surfschule, www.camping-bolter-ufer.de
TA6-64-9	Müritz	Y ▲	Marina Müritz, Hafendorf Müritz, 17248 Rechlin	03 98 23 - 2 66 88	Nov- Mitte März	○	○*	● Kran	100**				◐	(ja)	auf Anfr.	●	●	●	*FeWo, **1,50m, Ψ, 🚲, Ⓦ, www.hafendorf-mueritz.de
TA6-65-1	Leppinsee	⛺	Campingplatz am Leppinsee, (Anmeldung über "Haveltourist GmbH+Co.KG")	oder direkt: 03 98 29-25 00	3.10.-31.3.	●		●						●	●	●	○	○	abends Lebensmittel-KFZ, evtl. Bootstransp nach Babke www.haveltourist.de/leppinsee_camping.html
TA6-65-2	Granzower Möschen	Y ▲	Freizeitsteg Ferienpark Mirow, Dorfstr. 1, 17252 Mirow	03 98 33 - 2 06 55	Okt.-Anf.April	○	○	●	20				◐	(ja)	auf Anfr.	●	●	○ 500	Gelbe-Welle-Anleger, W-Lan, Spielplatz, Streichelzoo, www.allseasonparks.de
TA6-65-3	Granzower Möschen	⛺	Kanustation Granzow, Granzow 1B, 17252 Mirow OT Granzow	03 98 33 - 2 18 00	1.11.-31.3.	●	37*	●	○				◐	○	●	◐	○ 200	◐ 100	*Bettenhaus für Gruppen u. Einzelwanderer, Ψ, 🚲, geführte Touren, www.kanustation-granzow.de
TA6-65-4	Mirower See	⛺	Kanustation Mirow, An der Clön 1, 17252 Mirow	03 98 33 - 2 20 98	Nov-März	●	○	●	○				◐●	●	●	●	◐ 2000	◐ 500	Ψ, Kanutouren, Extra Platz f.Gruppen, www.kanustation.de
TA6-65-5	Mirower See	Y	Bootsservice Rick u. Rick Granzower Chaussee 1, 17252 Mirow	03 98 33 - 2 05 13 oder 01 74 - 8 97 96 83	- keine -	○	○	● Slip	25				●	5-6	○	●	◐ 100	○ 800	Ⓦ, Fäkalents., Kran 10 t, www.bootsservice-rick.de
TA6-65-6	Mirower See	⛺	Strandhotel Mirow, Strandstr. 20, 17252 Mirow	03 98 33 - 2 20 19	- keine -	●		●							●	◐	●	●	Ψ, Ⓦ, Zimmer, Zeitung, Frühstück ab 8°° Uhr
TA6-65-7	Mirower See	Y	Bootsservice Rick u. Rick Schlossinsel 6, 17252 Mirow	03 98 33 - 2 05 13 oder 01 74 - 8 97 96 83	- keine -	○	○*	○	20				◐	3-4	○	◐	◐ 600	○ 100	*2 FeWos, Ⓦ, Gasflaschentausch, Bootszubehör, www.bootsservice-rick.de
TA6-65-8	Sumpfsee / Müritz-Havel	Δ	Baumhauscamp Martin Winkel Am Mirower Kanal 6, 17248 Rechlin / OT Vietzen	01 75 - 5 68 10 40	- keine -	20	10	●	○				●	○	◐	◐	○ 2000	○ 2000	Baumhäuser, Ⓦ, Ψ, www.baumhauscamp.de
TA6-65-9	Zotzensee	⛺	Campingplatz C42 Peetsch, 17252 Peetsch	03 98 33 - 2 22 74	Okt.-März	●		●						●	●	○	◐	○	
TA6-65-10	Mössensee	⛺	Naturcamp."Am Mössensee"Fleeth, Dorfstr. 12, 17252 Fleeth	03 98 33 - 2 20 30	- keine -	●	○	●					●	●	●	●	●	◐ 1500	Ψ, ⌂⌂, FKK-Bereich südl. anschließend www.naturcamp-moessensee.de
TA6-65-11	Zethner See	⛺	Waldcamping Zethner See, 17252 Schwarz	03 98 27 – / 96 10	Okt.-Apr	15*	○	●	10	○	○	○	●	15	○	○◐	○7000	○ 2000	*50m(über Str), Ⓦ, Ψ, Familienplatz www.waldcamping-zethner-see.de
TA6-65-12	Zethner See	⛺	Jugendbegegnungsstätte Forsthof Schwarz, 17252 Schwarz	03 98 27 - 75 20	1.11.-31.3.	●		●						●	●	●	●	○	Ψ, Ⓦ www.forsthof-schwarz.de

Atlas/Karte-Nr. fortlaufende Nr.	Gewässer	Typ	Name, Anschrift	Telefon (⌂= ☎-Bootshaus)	Winterpause	Zelte Distanz Δ zum Ufer	LuMa-Lager...	Einsetzen	Y-Liegeplätze	Fäkalienentsorgung	Wasser am Steg	Strom am Steg	PKW abstellen	Wohnwagen	große Gruppen	Sanitär	Lebensmittel -Entfernung in (m)	Gastronomie -Entfernung in (m)	Sonstiges
TA6-66-1	Rätzsee	⛺	Familien- Freizeit-u. Feriennaturcamp am Rätzsee 17252 Diemitz, Fleether Mühle 4	03 98 33 - 2 20 95	- keine -	●	○	◐	○				●	○*	●	●	●	●	Ⓡ, 🍴, 🚲, FKK-Platz mit separatem Wasserwanderplatz, *auf FKK =●, Trockenraum http://ferienidyll-am-raetzsee.de
TA6-66-2	Rätzsee	⛺	Campingplatz C28 (Anmeldung über "Haveltourist GmbH+Co.KG")		5.10.-31.3.	●		●						●	●	●	○	○	FKK-Platz (-ohne Zwang), Hundeverbot
TA6-66-3	Gobenowsee	⛺	Campingplatz am Gobenowsee, 17255 Drosedow	03 98 28 - 2 03 55	15.10.-1.4.	●	*	●	○				●	●	●	●	●	◐	*3 Bungalows, 🚲, www.gobenow.de
TA6-66-4	Labussee	⛺	Biber-Tours, Diemitzerschleuse 5, 17252 Diemitz	03 98 27 - 30 01 10	-keine-	●		●						●	●	◐	●	○	🍴, 🚲, Paddler-Shop, Ⓡ, Mietzelte, www.biber-tours.de
TA6-66-5	Kleiner Pälitzsee	⛺	Campingplatz Canow, Mecklenburg-Tourist-GmbH, Pf. 1105, 17255 Wesenberg	03 98 28 - 2 02 20	Okt.-März	●		●						●	●	◐	◐- ●	○	Ⓡ, 🍴, 🚲, Zeltvermietung
TA6-66-6	Gr.Pälitzsee	⛺	Campingverein Pälitzsee e.V. Schiefe Eiche, 16831 Großzerlang	-kein-☎	Okt-Apr	3		●						●	●	○	○	○	nur für Einzelwanderer, keine großen Gruppen
TA6-66-7	Hüttenkanal	⌂△ KSI	Wasserwanderrastplatz Landhotel Lindengarten, Inh. Doris Wolff, Dorfstr.33, 16831 Kleinzerlang	03 39 21 - 76 80	keine	●	42 Betten	●	2*				●		●	○ + ●	100m:◐	●	*2 Liegepl. am Gemeindeanleger im Pälitzsee, 🚲, Ⓡ, Frühstück, Barfußpfad www.landhotel-lindengarten.de
TA6-66-8	Hüttenkanal	Y	Marina Wolfsbruch, Im Wolfsbruch, 16831 Kleinzerlang	03 39 21 - 87		○	*	●	50**	●	●	●	●	○			●	●	*FeWo + Hotel, **1,50m, Ⓡ 🍴🚲, www.marina-wolfsbruch.de
TA6-66-9	Tietzowsee	⛺	Campingplatz Eckernkoppel, 16831 Zechlinerhütte	03 39 21 - 5 09 41	Nov-Feb	●	○	●	ja	○	○	●	◐	●	●	●	◐ 6000	○ 1000	🍴, Ⓡ, Spielplatz, www.campingplatz-eckernkoppel.de
TA6-66-10	Jagowkanal	⌂△	Wasserwanderrastplatz + Ferieninsel Tietzowsee, Zur Tietzowsiedlung 7, 16831 Zechlinerhütte	03 39 21 - 7 02 28	keine	●	*	●					◐		○	●		●	Ⓡ, 🍴, *Hütten+Bungalows www.tietzowsee.de
TA6-66-11	Gr.Zechliner S	⛺	Campingplätze am Gr.Zechliner See, 16837 Flecken Zechlin	03 39 23 - 7 10 17	-keine-	●		●						●	●	◐	○	○	www.camping-fleckenzechlin.de
TA6-66-12	Kargarscher Bach	⛺	Campingplatz am Reiherholz Fam.Raßmann, Zechlinerhütterstr.2, 16837 Kargar	03 39 23 - 7 03 63	-keine-	●*	**	○	○					●	○	●	○ 300	●	*400m vom Wasser, **2 FeWo, 1 ⛺, 🚲, Ⓡ, (W-Lan), www.camping-am-reiherholz.de
TA6-66-13	Schlabornsee	⛺	⛺-D108 Schlabornhalbinsel,Lars Gustmann, 16831 Zechlinerhütte	03 39 21 - 7 02 95	Nov.-1.4.	◐		●						●	●	●	◐	◐	🍴, Ⓡ, 🚲, Kinderspielplatz, Gasflaschentausch
TA6-66-14	Bickowsee	⛺	Naturcamp Bikowsee, Inh. D. Haag, Am Bikowsee 3, 16831 Rheinsberg, OT Zechlinerhütte	03 39 21 - 7 02 43	16.10.- April	◐		●				●		●	○	◐	○*	○	*Ⓡ, Getränke 🍴, www.naturcamp-bikowsee.de
TA6-66-15	Bikowsee	⛺	Campingpl. Berner Land, Am Bikowsee 4, 16831 Zechlinerhütte	03 39 21 - 7 02 83	Okt.-März	◐		◐						●	○	●	○	○	Ⓡ, Getränke, www.berner-land.de
TA6-66-16	Rheinsberger See	⛺	Steinablage D100, Rheinsb.e.V. G.Kurkowski, Schillerstr.8, 39638 Gardelegen	01 71 - 7 40 26 08	15.10.- 15.3.	●		●						●	●	◐	○	○	Ⓡ, *Gasthaus in Warenthin ~1km
TA6-66-17	Rheinsberger See	⛺	Campingplatz- Warenthin, Seestraße, 16831 Warenthin	03 39 31-3 80 89 01 73- 9 38 49 20	15.10.- 30.4.	●		●	ja				●	●	●*	○◐	◐	◐	*ab ca.10 Pers. immer anrufen, Ⓡ, (🚲) www.campingplatz-warenthin.com
TA6-66-18	Rheinsb. See	R	Ruderverein Rheinsberg, Schillerstr. 13, 16831 Rheinsberg	03 39 31-3 90 21		●	*	◐						◐	◐	◐	●	●	Gutes ⊞, *Bungalow, Zimmer, www.rv-rheinsberg.de
TA6-67-1	Käbelicksee	⌂△	Gasthof zu den Linden, Ingo Henze, Dalmsdorf 26, 17237 Kratzeburg	03 8 22- 2 8 86		ja	Bet-en*		○	○	○	○				◐	◐**	●	*5 Zimmer, ** Frühstück, Lunchpakete henze-ingo@t-online.de
TA6-67-2	Käbelicksee	△	Radler-u. Paddler- Rast beim Kanu-Hecht, An der Radler-Rast, 17237 Dalmsdorf/ Kratzeburg	03 98 22 / 1 79 83 oder - 17988	Nov.-1.4.	15 (ca.50m)	15	◐	○			●	●	5	◐ max. 20	◐	◐	●	🍴, ⊞, △, ⌂⌂, ⛺, Bahnhof 500m, WLAN auf Anfrage www.kanu-hecht.de
TA6-67-3	Käbelicksee	⛺	Campingplatz "Naturfreund", G.Wolski, 17237 Kratzeburg	03 98 22-2 02 85 (priv.-2 02 53)	Okt. - Ostern	●		●					●	●	●	◐	◐	◐	🍴, ⛺, www.campingplatz-naturfreund.de
TA6-67-4	Jamelsee (Havel)	⛺	Campingplatz Zum Hexenwäldchen Uwe Fischer, 17237 Blankenförde-Kakeldütt	☎+Fax: 03 98 29-2 02 15	30.10.- 31.3.	●	○	●	○				●	●	◐	●	●	◐	🍴, 🚲, naturnah, sehr ruhig!, Ponys... www.kanubasis-blankenfoerde.de
TA6-67-5	Useriner See	⛺	Campingplatz C59 am Useriner See, (Anmeldung über "Haveltourist GmbH+Co.KG")		5.10-31.3.	●		●						●	●	◐	○	○	FKK-Platz ohne Zwang, Hundeverbot www.m-vp.de/1276/userinersee.htm
TA6-67-6	Großer Labussee	⛺	Campingplatz Zwenzower Ufer, (Anmeldung über "Haveltourist GmbH+Co.KG")		1.11.-31.3.	●		●						●	●	●	●	◐	🍴, ⛺ www.haveltourist.de/zwenzower_ufer.html
TA6-67-7	Kleiner Labussee	⛺	Ihr Familienpark, Inh. D.u.O.Vogt, Am Labus 1 B, 17255 Wesenbg	03 98 32-2 05 25	15.Okt. - 30.Apr.	●	*	●	○				●	●	●	●	◐2000	○1000	*⌂⌂20 Blockhütten bis 4 Pers, 🍴, Kiosk, www.ihr-familienpark.de
TA6-67-8	Woblitzsee	⛺	Campingpark Havelberge **Haveltourist GmbH+Co.KG**, 17237 Gr.Quassow	0 39 81-2 47 90	1.11.- 31.3.	●		●						●	●	●	●	●	🍴, 🚲, Surfvermietung, ⌂⌂, Kinderanimation www.haveltourist.de

Atlas/Karte-Nr. fortlaufende Nr.	Gewässer	Typ	Name, Anschrift	Telefon (⌂= ☎-Bootshaus)	Winterpause	Zelte Distanz △ zum Ufer	LuMa-Lager...	Einsetzen	Y-Liegeplätze	Fäkalienentsorgung	Wasser am Steg	Strom am Steg	PKW abstellen	Wohnwagen	große Gruppen	Sanitär	Lebensmittel -Entfernung in (m)	Gastronomie -Entfernung in (m)	Sonstiges
TA6-67-9	Zierker See	KY KSt	WSV Einheit Neustrelitz, Zierker Nebenstr.31, 17235 Neustrelitz	0 39 81 - 20 43 38	- keine -	●		●						●	●	◐	●	○	Ψ, Vereinszeltpl. (für alle Wasserwanderer), Sauna,... www.wsv-neustrelitz.de
TA6-67-10	Havel	△	Kanu-Mühle, Havelmühle 1/ Ahrensberger Weg, 17255 Wesenberg	03 98 32-2 03 50	- keine -	20	○	● f. Gäste	○				●	○	◐	●	○ 1000	○ 1000	ⓦ, 🚲, Tipi, 5 Hütten, + 5 Zi, Sauna, Ψ, Kanu- shop www.kanu-muehle.de
TA6-68-1	Drewensee	⛺	Campingpl. am Drewensee (Anmeldung über "Haveltourist GmbH+Co.KG")		4.10.-31.3.	●		●						●	●	●	●	◐	Gr.Wasserwanderplatz direkt am See
TA6-68-2	Drewensee	⛺	Naturcamping Drewensee, Fr.-Wilh.Str. 28, 17235 Neustrelitz	01 72 – 4 38 80 63	16.10.-14.4.	◐		●					●	●	◐	●	○5000	○5000	Ψ, Kiosk
TA6-68-3	Wangnitzsee	⌂⛺	Ferienpark am Wangnitzsee, Sägewerk 1, 17237 Godendorf OT Düsterförde	03 98 25 - 2 15 92 03 98 25 - 2 15 93	keine	50	40 FeWo	●	○	●	●	●	●	●	●	●	●	●	ⓦ, 🚲, www.ferienpark-wangnitzsee.de
TA6-68-4	Großer Priepertsee	△	Biwakplatz Kanustation Priepert, Am Priepert See 18, 17255 Priepert	03 98 28 - 2 01 47 01 76 - 41 02 64 20	Nov.- März	●	○	●	○				●	○	●	●	○ 300	○ 300	Frühstückszelt,, Spielplatz, Motorboote-führerscheinfrei, www.priepertsee.de
TA6-68-5	Gr. Pälitzsee	⛺	Naturcampingplatz am Gr.Pälitzsee, (Anmeldung über "Haveltourist GmbH+Co.KG")		4.10.-31.3.	◐		◐						●	●	●	◐ 2000	○ 2000	ⓦ, www.m-vp.de/1276/paelitzsee.htm
TA6-68-6	Klenzsee	△	Kanuhof Wustrow, Dorfstr. 57 A, 17255 Wustrow	0 3 98 28 - 2 00 83	Nov-März	●	○	◐	○				◐●	○	●	◐	○100	○ 200	Ψ, Bootswagenverleih , www.kanuhof-wustrow.de
TA6-68-7	Ellbogensee	⛺	Camping Havelperle, An der Havel 33, 17255 Priepert	03 98 28 - 2 65 04	- keine -	●	8 Zi.	●	○				●	15	●	●	◐	◐ 120	Frühstücksraum, ⓦ, Ψ, 🚲, www.camping-havelperle.de
TA6-68-8	Ellbogensee	⛺	Campingplatz am Ellbogensee, 16798 Großmenow	03 30 93 - 3 21 73	1.11.-31.3.	●		●						●	●	●	●	◐	für Schulklassen, ⓦ, Hundeverbot Mittagsangebot, Bioladen Mai-Sept
TA6-68-9	Ziernsee	⛺	Campingplatz C46 am Ziernsee, (Anmeldung über "Haveltourist GmbH+Co.KG")		4.10.-31.3.	●		●						●	●	●	◐	◐	ⓦ, www.m-vp.de/1276/ziernsee.htm
TA6-68-10	Hoblinsee	⛺	Kanu-Camp."Am Röblinsee", Röblinsee Nord 1, 16798 Fürstenberg	03 30 93 - 3 82 78	- keine -	●	25*	●	○				●	●	◐	◐-●	●	◐ 600	*in ⌂⌂, Ψ, ⌂⌂, ⓦ www.camping-amröblinsee.de
TA6-69-1	Stolpsee	⛺ KSt	Camping Himmelpfort, Am Stolpsee 1, 16798 Himmelpfort	03 30 89 – 4 12 38	1.10.-31.3.	●	*	●	●	●	●	●	●	●	●	●	●	●	*Bungalow, 🚐, Ψ, 🚲, ⓦ, **20% DKV-Ermäßigung** , Kanusteg, www.campingplatz himmelpfort.de
TA6-69-2	Havel	⛺	Campingplatz Havelblick, 16898 Zootzen	01 73 – 2 18 55 78	1.11.-31.3.	12		●						●	●	◐-●	○	◐	http://camping-havelblick.de
TA6-69-3	Havel	✕△	Wasserwanderrastplatz Gasthaus zur Fähre, Havelstr. 50, 16792 Zehdenick OT Burgwall	03 30 80 - 6 02 44	Januar	15	30* Betten	●	15***				●◐	4	●	◐	○ 3000	●	*Pension, **kleiner Slip, ***Tiefg. 1,3m, Ψ, , www.gasthaus-zur-faehre-burgwall.de
TA6-69-4	Havel	Y	Marina Ziegeleipark, Ziegeleiweg 11, 16792 Zehdenick OT Mildenberg	0 33 07 - 42 05 04	31.10.-15.4.	30	○	●	20				●	15	Bitte Tel.	●	◐ 6000	●	* Kanusteg, Tankst.(Diesel), Ψ, Charter,Slip www.marina-im-ziegeleipark.de
TA6-69-5	Kl. Wentower S.	⛺	Campingplatz - Seilershof	03 30 85 - 7 03 11	- keine -	◐		●						●	◐	◐	○	○	ⓦ, Spielplatz, Badewiese
TA6-69-6	Wurlsee	⛺	Naturcampingpark Rehberge, Lychener Str. 8, 17279 Lychen	03 98 88 - 26 04	1.11.-31.3.	●		●						●	●	◐	○1500	○800	Fewo., 🚐, Kinderspielplatz
TA6-69-7	Wurlsee	⛺	Wurlseecamping Lychen, Strelitzer Str., 17279 Lychen	03 98 88 - 25 09 0172 – 3 61 28 51 *	Nov.- März	●		◐						●	●	●	◐	◐	*oder ☎ 0173-63 06 758 ⓦ, Spielplatz, www.wurlseecamping-lychen.de
TA6-69-8	Gr.Lychensee	Y	Segelverein Lychen, Herr Zülow, Kirchstr. 2, 17279 Lychen	0 39 88 - 8 27 09	- keine -	○	○	●	1-5				◐	○	○	○*	○ 300	○ 200	*Sanitär nebenan im Strandbad www.svly.de
TA6-70-1	Breiter Luzin	⛺	Campingplatz-C30, Camping am Bauernhof, 17258 Feldberg	03 98 31 - 2 10 84	- keine -	●		●						●	●	●	●	◐ (●=800)	Ψ, 🚲, ⓦ, ⌂⌂, Fewo. www.campingplatz-am-bauernhof.de
TA6-70-2	Carwitzer See	⛺	Campingplatz C38 Conow, Am Carwitzer See, 17258 Feldberger Seenlandschaft / OT Conow	01 70 - 4 94 34 69	3.10.-30.4.	●		○							●	○-◐	◐	◐	ⓦ, nur f.Wasserwanderer u.Familiencamper, www.campingplatz-conow.de
TA6-70-3	Carwitzer See	⛺	Campingplatz am Carwitzer See Carwitzer Strasse 80, 17258 Feldberger Seenlandschaft	03 98 31 - 2 11 60	3.10.- Ostern	●		●						●	○	●	◐	○	ⓦ www.campingplatz-carwitz.de
TA6-70-4	Dreetzsee	⛺	Campingplatz am Dreetzsee, Am Dreetzsee 1, 17268 Boitzenburger Land OT Thomsdorf	03 98 89 - 7 46	1.11.-31.3.	●		●						●	◐*	●	●	●	Ψ, Bootswagen zum Umsetzen, *Gruppen nach Tel.
TA6-71-1	Röddelinsee	⛺	Campingplatz am Röddelinsee, 17268 Röddelin	0 39 87 - 5 42 22	1.10.-31.3.	●		●						●	●	◐	○	◐	ⓦ, täglich Lebensmittelfahrzeug
TA6-71-2	Röddelinsee	Y	Biberburg–Tours Rainer Schimke, Schmargendorfer Weg 13, 16278 Angermünde	0 33 31 - 2 12 88	15.10.- 31.3.	10	○	●	6	●	●	●	●	○	◐	◐	○ 300m	○ 300m	Rustikale Hausbootvermietung (Voranmeldung) , Ψ, △(Kurzaufenthalt), 🚲, www.biberburg-tours.de
TA6-71-3	Fährsee	⛺	Naturcamping Fährsee GbR Katrin Gottong, Fährkrug 1B, 17268 Templin	0 39 87 - 20 01 14 01 51 - 58 51 74 60	Keine	●		●						●	●	◐	◐	◐	Ψ, 🚐, www.camping-am-faehrsee-templin.de
TA6-71-4	Gleuensee	⛺	Naturcamp Templin Gleuensee, Am Gleuensee 1, 17268 Klosterwalde	0 39 87 - 20 17 36 01 75 – 2 71 33 18	- keine -	●		●						●	●	◐	◐	◐	ⓦ, Frühstück, www.naturcamp-templin.de

Empfohlene Bootsvermieter ---------TA6

PLZ, Ort	Firmenname	Straße	Telefon	Internet, http://	Mannschaftscanadier	4-er Canadier	2-3er Canadier	2er Kajaks	1er Kajaks	Seekajaks	Surfbretter	Segeljollen/-yacht	Motorboote/-yachten	Bootstransport	Personentransport	geführte Touren	sonstiges	Lage auf Karte Nr.:
17089 Klempenow	Kanustation Klempenow	Burg Klempenow	0162-4724 237	www.kanustation-klempenow.de	○	●	●	○	○	○	○	○	○	●	◐	●	Tourenberatung, Zeltmöglichkeit	48
17237 Granzin	Kormoran-Kanutouring	Havelbrücke Granzin	039822-29888	www.kormoran-kanutouring.de	○	●	●	●	●	◐	○	○	○	●	●	●	Nationalparkführungen, Radvermietung	67
17252 Fleeth	Pack & Paddel	Fleether Mühle 4	03 98 33-2 67 27	www.packundpaddel.de	●	●	●	●	●	●	○	○	○	●	◐	●	versch. Rundtouren, indiviuelle Beratung	66
17252 Granzow	Kanustation Granzow	Granzow 1 B	0398 33-21 800	www.kanustation-granzow.de	●	●	●	●	●	●	○	○	○	●	●	●	spezielle Angebote für Schulklassen/Firmen	65
17252 Mirow	Kanustation Mirow	An der Clön 1	03 98 33-22 098	www.kanustation.de	●	●	●	●	●	●	○	○	○	◐	○	●	Drachenboot, Poloboote, Kevlarboote	65
17255 Wustrow	Kanuhof Wustrow	Dorfstr. 57 A	0 39 828-200 83	www.kanuhof-wustrow.de	○	●	●	●	●	○	○	○	○	◐	○	○	Zentrale Lage f. Rundtouren / Beratung	68
17255 Wesenberg	Kanu-Mühle	Havelmühle 1	039832-20350	www.kanu-muehle.de	●	●	●	●	●	●	○	○	○	●	○	●	Arrangements Kanu+ Ü., ⛺, ⌂⌂(5 Sterne), Kurse	67
17255 Priepert	Kanustation Priepert (Kanu-Connection)	Am Priepert See 18	03 98 28-20 147; 01 76-410 26 420	www.priepertsee.de	●	●	●	●	●	○	○	○	●	●	○	○	Station d.Fa. Kanu-Connection Berlin, Biwakplatz	68
17389 Anklam	Kanustation Anklam	Werftstr. 6	03971-242839	www.kanustation-anklam.de	●	●	●	●	●	●	○	○	●	●	●	●	Wochen- u. Kurzreisen Peene, Trebel, Tollense	45
18057 Rostock	Paddelcenter Rostock	Warnowufer 59	0381-203 46 20	www.paddelcenter.de	○	●	●	●	●	●	○	○	○	◐	◐	◐	Kanu/Kajak-Testcenter, Verkauf Paddelzubehör	22
18375 Ostseebad	Prerow darßtour	Buchenstr. 11 a	0178-188 66 80	www.darsstour.de	○	○	○	○	●	●	○	○	○	●	○	●	geführte Tagestouren auf Ostsee u. Bodden	25
39112 Magdeburg	Der Aussteiger	Halberstädter Str. 113	0391-620 95 85	www.der-aussteiger.de	●	●	●	●	●	●	○	○	○	●	●	●	Reiseausrüstung + Bootsverleih	88

Empfohlene Wassersport-Fachgeschäfte ----TA6

PLZ, Ort	Firmenname	Straße	Telefon	Internet, http://	K/R-Fachgeschäft	Y-Fachgeschäft	Bootshersteller/Handel	Zubehör-Hersteller	Verkaufsgeschäft	Probefahrten	Vermietung K	Vermietung Y	Geführte Touren	Unterricht/Schulung	Reparatur Poly	Reparatur Holz/Faltb.	sonstiges
13509 Berlin	KANU-CONNECTION	Soltauer Str. 26/30	030-6 12 26 86	www.kanu-connection.de	●	○	○	○	●	●	●	○	○	●	●	●	3 Verleihstationen
12165 Berlin	GLOBETROTTER AUSRÜSTUNG	Schloßstraße 78-82	030-8 50 89 20	www.globetrotter.de	●	◐	○	○	●	◐	○	○	○	○	○	○	auch in Hamburg, Dresden, Köln, Bonn u. Frankf./M.
18057 Rostock	PADDELCENTER ROSTOCK	Warnowufer 59	0381-203 46 20	www.paddelcenter.de	●	○	●	○	●	●	●	○	○	●	○	○	Kanu/Kajak-Testcenter, Outdoorzubehör
18573 Altefähr	WASSER & WIND Kajak-Sport Rügen	Scharpitz 6a	038306-75121	www.wasser-wind.de	●	○	○	○	●	●	●	○	●	●	●	◐	Seekajaktraining, bundesweiter Kajak-Versand
22305 Hamburg	GLOBETROTTER AUSRÜSTUNG	Wiesendamm 1	040-67 96 61 79	www.globetrotter.de	●	◐	○	○	●	●	●	●	○	◐	○	○	auch in Berlin, Frankfurt, Köln, Bonn, Dresden
22851 Norderstedt	GADERMANN-Kajaks	Hummelsb. Steindamm 70	040-52 98 30 06	www.seekajak.de	●	○	●	○	●	●	●	○	●	●	◐	◐	spez. Touren-Seekajak-Vertrieb u. Kurse
23942 Rosenhagen	NANUK Nicolai	Straße d. Friedens 4a	038826-86843	www.nanuk.de	○	○	●	○	○	●	○	○	○	●	○	○	Seekajak-Kurse, -Touren u. -Vertrieb
31535 Neustadt	HELMI-Sport	Aschenkrug 11	05036-429	www.helmi-sport.de	●	○	●	◐	●	●	○	○	○	◐	●	◐	Katalog anfordern
39112 Magdeburg	Der AUSSTEIGER	Halberstädter Str. 113	0391-620 95 85	www.der-aussteiger.de	●	○	○	○	●	●	●	○	◐	◐	○	○	Reiseausrüstung + Bootsverleih

Übersicht der TourenAtlanten (weitere Infos siehe www.juebermann.de)

TourenAtlas TA1
Schlesw.-H.-Unterelbe
ISBN: 978-3-929540-61-1

TourenAtlas TA2
Weser-Ems
ISBN: 978-3-929540-59-8

TourenAtlas TA4
Oberweser-Leine
ISBN: 978-3-929540-64-2

TourenAtlas TA5
Berlin-Brandenburg
ISBN: 978-3-929540-65-9

TourenAtlas TA6
Mecklenb.-Vorp.
ISBN: 978-3-929540-57-4

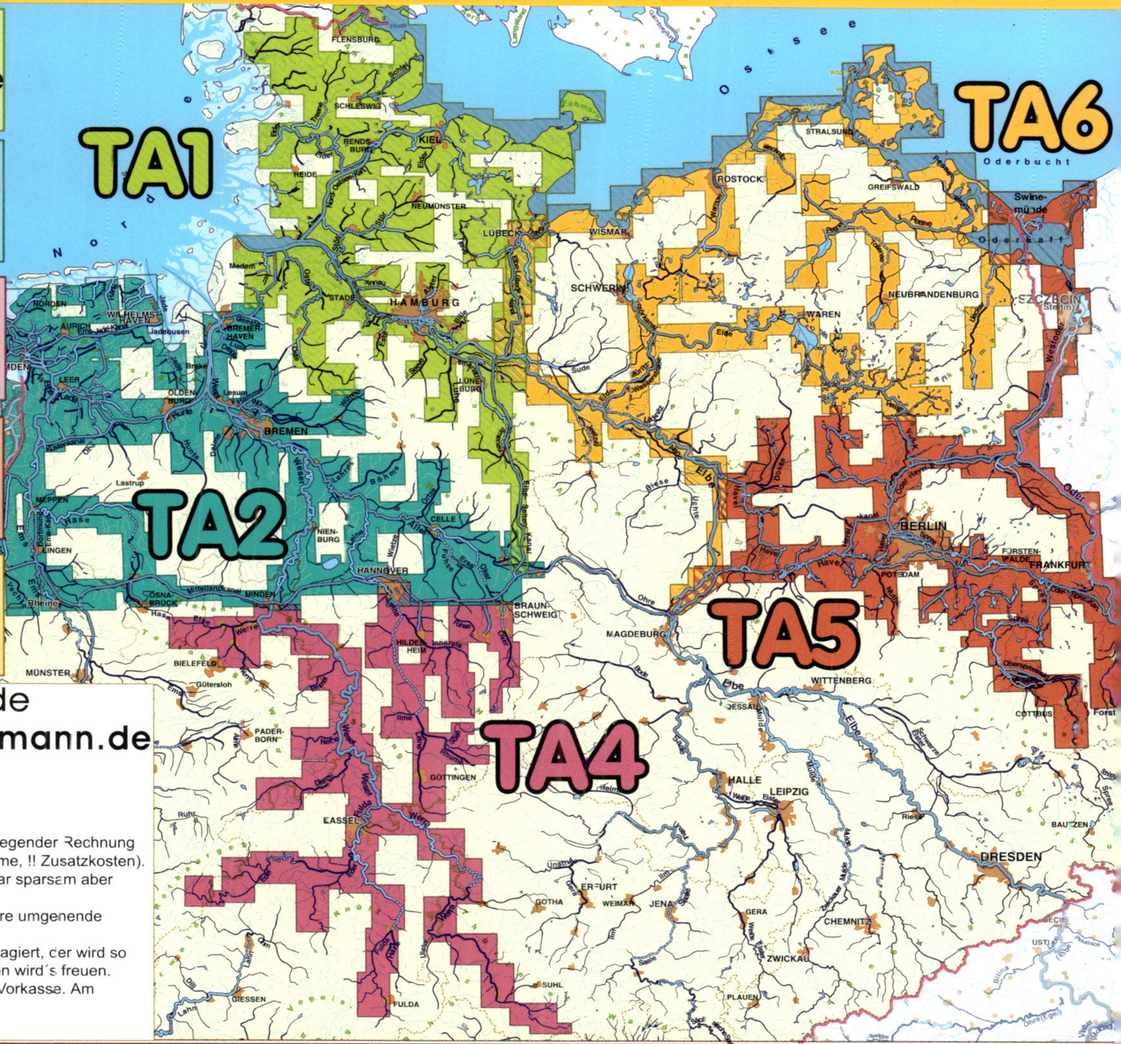

www.juebermann.de
bestellung@juebermann.de
Fax: 05 81 - 7 75 16
Tel.: 05 81 - 7 82 32

Der Jübermann-Verlag liefert per Post mit beiliegender Rechnung (nur auf ausdrücklichen Wunsch per Nachnahme, !! Zusatzkosten). Möglich ist dieses nur, weil Wassersportler zwar sparsam aber durchweg auch ehrlich sind.
Bitte honorieren Sie dieses Vertrauen durch Ihre umgehende Zahlung.
Wer allerdings nach unserer Mahnung nicht reagiert, der wird so behandelt, wie es ihm/ihr zusteht; alle Ehrlichen wird´s freuen.
Auslandsbestellungen für Neukunden nur mit Vorkasse. Am einfachsten bestellen Sie per E-Mail.

JONA-A D.-Nordwest — Jübermann-Outdoor-Navigator — JONA-B D.-Nordost

Die Digitalausgabe unserer Karten einschl. GPS-Navigation:
8 Zoomstufen (jede als eigenständige Kartengrafik, keine Verkleinerung bis zur Unlesbarkeit), Blattschnittfreies Scrollen / Drucken/ Messen von Entfernungen, Routenplanung, Vernetztes Datenbanksystem usw. Aktualisiertes u. ergänztes Kartenmaterial aus: Jübermann-Übersichtskarte Deutschland // Jübermann-Wassersport-Wanderkarten // Jübermann-TourenAtlanten // neue Karten 1: 25.000 (Krs. Uelzen, Hamburg, Kiel, Berlin).
Vollständige lückenlose Kartenebenen bis zum Maßstab 1: 50.000, eigene Kartengrafik, optimiert für das Wasserwandern per Yacht, Kanu u. Rudern mit der Genauigkeit einer topografischen Karte.
Programm + Karten sind eine Einheit keine weitere Software nötig, auch nicht auf dem PDA.
Wassersport-Datenbank: Detailskizzen, Fotoalbum, Anschriften, Gewässerinfos, Sperrungen.

neu: Spreewald bis Berlin

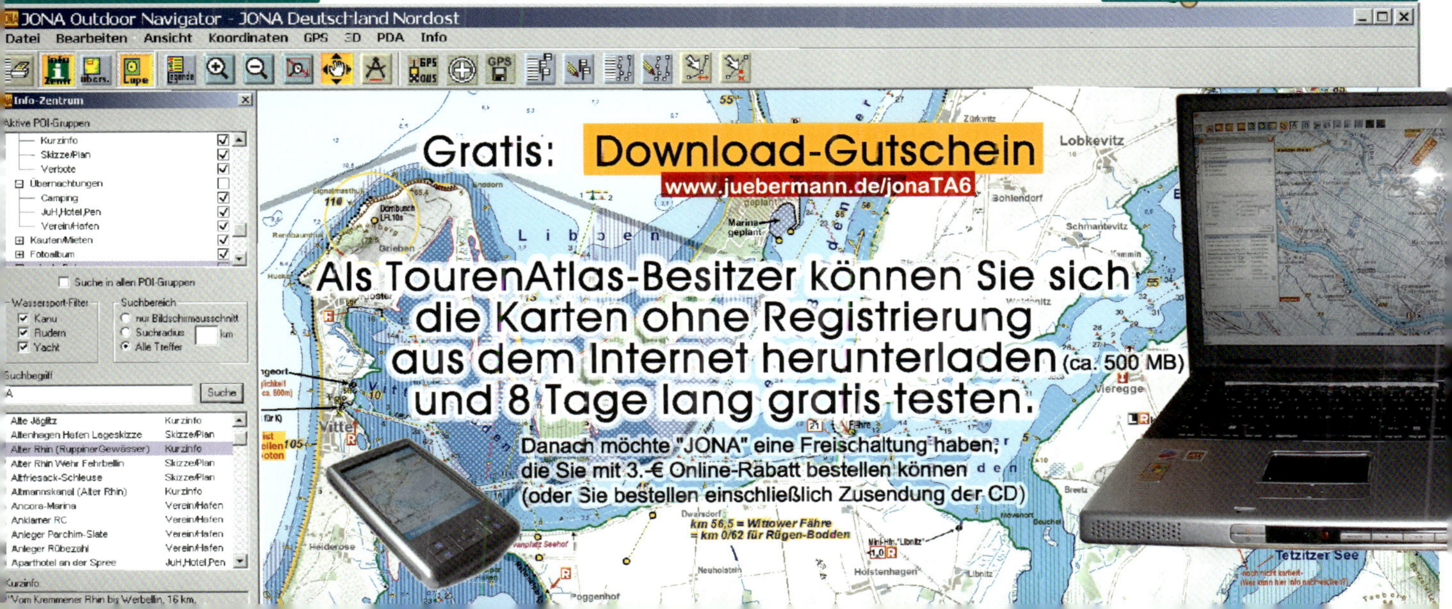

TOURENATLAS Wasserwandern TA 6

Mecklenburg-Vorpommern

ISBN: 978-3-929540-57-4

9 783929 540574

Jübermann-Kartographie
info@juebermann.de
www.juebermann.de